새가족
100일
큐티

새가족 100일 큐티

© 생명의말씀사 2023

2023년 3월 22일 1판 1쇄 발행

펴낸이 | 김창영
펴낸곳 | 생명의말씀사

등록 | 1962. 1. 10. No.300-1962-1
주소 | 서울시 종로구 경희궁1길 6 (03176)
전화 | 02)738-6555(본사) · 02)3159-7979(영업)
팩스 | 02)739-3824(본사) · 080-022-8585(영업)

지은이 | 오대희

기획편집 | 정설아
디자인 | 김혜진
인쇄 | 영진문원
제본 | 다온바인텍

ISBN 978-89-04-16825-5 (03230)

저작권자의 허락 없이 이 책의 일부 또는 전체를
무단 복제, 전재, 발췌하면 저작권법에 의해 처벌을 받습니다.

신앙의 기초를 세워 주는 요한복음 묵상집

새가족
100일
큐티

오대희 지음

하나님이 세상을 이처럼 사랑하사
독생자를 주셨으니
이는 그를 믿는 자마다 멸망하지 않고
영생을 얻게 하려 하심이라 (요 3:16)

생명의말씀사

들어가는 글

예수님을 더 깊이 알아 가는 복된 시간

매일 아침 성도들에게 카카오톡으로 성경 말씀 묵상 내용을 보낸다. 교회를 개척한 이후 지금까지 계속해 온 일이다. 그러다 보니 성경 말씀 전체를 여러 번 반복해서 묵상하게 된다. 요한복음도 그러한 과정을 거쳐서 보내게 되었는데, 보내는 횟수가 많아질수록 나의 묵상도 깊어졌다.

요한복음을 묵상하면서, 사람들이 예수님을 믿길 간절히 원했던 사도 요한의 마음이 느껴졌다. 당시 많은 사람이 예수님에 관해 의문을 품었다. '예수님은 정말 하나님의 아들이실까?', '예수님은 정말 구원자이실까?', '예수님을 믿으면 영생을 얻을 수 있을까?', '정말 예수님만이 우리의 유일한 희망이자 해답이실까?' 요한은 이들에게 예수님을 전하기 위해 이 복음서를 기록했다.

일반적으로 교회에서는 새가족에게 요한복음과 로마서를 공부하기를 권한다. 요한복음은 예수님과 구원에 관해 잘 설명하고 있고, 로마서는 믿음으로 구원받는 것에 관해 잘 설명하고 있기 때문이다. 그런데 요한복음은 진리가 함축되어 있어서 새가족이 이해하기가 쉽지 않다.

요한복음이 조금 더 쉽게 해석된 책이 있다면, 예수님을 처음 믿고자 하는 사람들과 믿음 생활을 하지만 아직 예수님을 깊이 만나지 못한 사람들이 예수님을 알아 가는 데 도움이 되지 않을까 하는 마음으로 이 책을 집필하게 되었다.

마태복음, 마가복음, 누가복음은 예수님이 행하신 기적을 그대로 나열하고 있다. 그런데 요한복음은 그 기적의 시작과 결과를 모두 설명한다. 예를 들면, 예수님이 오병이어로 5천 명의 사람들을 먹이신 사건에 관해 마태복음, 마가복음, 누가복음은 예수님이 행하신 기적만을 설명한다면, 요한복음은 이 사건을 통해 예수님은 누구신가라는 근본적인 질문을 하게 하고, 그 결과 예수님 주변에 많은 사람이 떠나고 진실한 제자들만 남게 된 일까지 다룬다.

요한복음을 묵상하면 예수님을 더 깊이 알게 되고 더 깊이 믿게 된다. 예수님께 영생이 있음을 깨닫고, 예수님은 하나님이 보내신 유일한 구원자이심을 믿게 되는 것이다. 예수님 안에 생명이 있다. 오직 영생은 예수님 안에 있으며, 예수님을 믿는 믿음으로 우리는 그 영생을 누리게 된다. 예수님을 믿고 신앙생활을 하기로 했다면 제대로 믿어야 한다. 그리고 예수님을 알아 가는 일에 헌신해야 한다.

이 책은 큐티 형태로 되어 있다. 말씀이 해석되어 있으니 편하게 읽으면 된다. 그리고 묵상 질문에 답해 보면서 말씀을 삶에 어떻게 적용할지 정리해 보면 된다. 그다음에는 기도문을 읽으면서 하나님께 기도하면 된다. 예수님을 알고 싶어 하는 새가족들과 큐티를 처음 접하는 성도들에게 많은 도움이 되기를 기대한다.

이 책을 통해 단 한 영혼이라도 말씀 묵상의 기쁨을 알고, 계속해서 그 일에 헌신하게 된다면 무척 행복할 것이다. 하나님의 놀라운 구원 계획이신 예수님을 더 깊이 알아 가는 복된 시간이 되기를 바란다.

오대희 목사
열두광주리교회 담임

CONTENTS

들어가는 글 예수님을 더 깊이 알아 가는 복된 시간   4

01 태초에 계신 하나님 (요 1:1-4)   14
02 환영받지 못한 왕 (요 1:11)   16
03 차별하지 않으시는 예수님 (요 1:12-13)   18
04 은혜, 받은 사람만이 아는 기쁨 (요 1:16-17)   20
05 예수님을 증언한 세례 요한 (요 1:29-31)   22
06 미래를 축복하신 예수님 (요 1:42)   24
07 나다나엘을 부르신 예수님 (요 1:47-48)   26
08 그대로 하라 (요 2:5)   28
09 변화 (요 2:9)   30
10 제자들이 믿으니라 (요 2:11)   32
11 세속화를 경계하라 (요 2:16)   34
12 청결은 비움으로부터 (요 2:17)   36
13 겸손하고 온유하신 예수님 (요 2:18)   38
14 참된 성전이신 예수님 (요 2:19)   40
15 인기에 연연하지 않으신 예수님 (요 2:24-25)   42
16 니고데모의 태도 (요 3:1-2)   44

17	거듭남 (요 3:3-5)	46
18	성령으로 난 사람 (요 3:8)	48
19	십자가에 나타난 하나님의 사랑 (요 3:16)	50
20	생명의 빛이신 예수님 (요 3:19-21)	52
21	세례 요한의 기쁨 (요 3:29)	54
22	하나님의 영광만을 구하는 삶 (요 3:30)	56
23	세례 요한이 증언한 예수님 (요 3:34)	58
24	우물가에서 만난 여인 (요 4:9)	60
25	예수님이 누구신지 안다면 (요 4:10)	62

복음 플러스 말씀을 사랑하는 사람들   64

26	비련의 여인, 은혜의 여인 (요 4:16-18)	68
27	영과 진리로 드리는 예배 (요 4:24)	70
28	예수님 안에서 상처는 사명이 된다 (요 4:29)	72
29	예수님의 양식 (요 4:34)	74
30	영적 추수 (요 4:35-36)	76
31	미래를 바꾸는 믿음 (요 4:50)	78
32	믿음은 포기하지 않는 것 (요 5:6-7)	80

33	자리를 들고 걸어가라 (요 5:8)	82
34	회복을 위한 섬김 (요 5:17)	84
35	믿는 자는 영생을 얻었고 (요 5:24)	86
36	빈 들에서 열린 천국 잔치 (요 6:11-13)	88
37	예수님의 손 (요 6:11)	90
38	예수님의 마음 (요 6:12-13)	92
39	하늘에서 내려온 양식 (요 6:31-34)	94
40	예수님을 따르는 이유 (요 6:67-69)	96
41	때를 분별하는 지혜 (요 7:3-5)	98
42	올바른 판단 (요 7:24)	100
43	생수의 강 (요 7:37-38)	102
44	종교 지도자들의 두 얼굴 (요 8:4-5)	104
45	분노를 다스리라 (요 8:6-7)	106
46	배려 (요 8:10-11)	108
47	진리가 너희를 자유롭게 하리라 (요 8:32)	110
48	관점 고치기 (요 9:1-2)	112
49	하나님의 일을 나타내는 삶 (요 9:3)	114
50	최소의 요구 (요 9:6-7)	116

복음 플러스　　신학과 교리는 왜 생겼는가?　　118

51	복음을 전하는 삶 (요 9:32-33)	122
52	양의 문이 되신 예수님 (요 10:7)	124
53	생명을 풍성하게 하시는 예수님 (요 10:10)	126
54	선한 목자이신 예수님 (요 10:14-15)	128
55	사랑에는 희생이 따른다 (요 11:16)	130
56	우시는 예수님 (요 11:32-35)	132
57	부활과 생명은 예수님께 있다 (요 11:23-26)	134
58	믿으면 영광을 보리라 (요 11:40)	136
59	예수님을 향한 두 가지 관점 (요 12:3)	138
60	어린 나귀를 타신 왕 (요 12:13-14)	140
61	한 알의 밀 (요 12:24)	142
62	끝까지 사랑하신 예수님 (요 13:1)	144
63	제자들의 발을 씻어 준 스승 (요 13:13-15)	146
64	사랑이 모든 것을 말해 준다 (요 13:34-35)	148
65	나 있는 곳에 너희도 있게 하리라 (요 14:1-3)	150
66	하나님께로 가는 길 (요 14:6)	152
67	아버지께서 내 안에 계심을 믿으라 (요 14:11)	154
68	예수님의 이름으로 (요 14:13-14)	156
69	고아와 같이 버려두지 아니하리라 (요 14:18)	158
70	예수님을 사랑하는 사람 (요 14:21)	160

71	평안을 주소서 (요 14:27)	162
72	풍성한 삶의 비결: 거룩한 삶 (요 15:1-2)	164
73	풍성한 삶의 비결: 예수님과 동행하는 삶 (요 15:7-8)	166
74	풍성한 삶의 비결: 사랑 (요 15:9)	168
75	가장 큰 사랑 (요 15:13-14)	170

복음 플러스 하나님의 계시   172

76	내가 너희를 택하여 세웠나니 (요 15:16)	176
77	고난받을 때의 자세 (요 15:20)	178
78	시험은 반드시 온다 (요 16:1)	180
79	진리의 성령이 오시면 (요 16:13)	182
80	근심이 도리어 기쁨이 되리라 (요 16:20-22)	184
81	기도 응답의 기쁨 (요 16:24)	186
82	그리스도를 아는 기쁨 (요 17:3)	188
83	하나님을 영화롭게 하는 삶 (요 17:4-5)	190
84	하나가 되게 하옵소서 (요 17:11)	192
85	거룩함을 이루는 삶 (요 17:17)	194
86	내게 주어진 것이라면 당당하게 (요 18:11)	196

87	연약함을 도우소서 (요 18:25-27)	198
88	진리가 무엇이냐 (요 18:38)	200
89	보라 네 어머니라 (요 19:26-27)	202
90	다 이루었다 (요 19:30)	204
91	준비되면 쓰임 받는다 (요 19:38-39)	206
92	가장 위대한 아침 (요 20:16-17)	208
93	도마의 믿음 (요 20:27-29)	210
94	뒤돌아서지 않겠네 (요 21:3)	212
95	예수님의 배려 (요 21:6)	214
96	예수님이 차려 주신 식사 (요 21:11-12)	216
97	사랑의 힘으로 사역하라 (요 21:15)	218
98	베드로의 노년과 순교 (요 21:18)	220
99	사명에만 집중하라 (요 21:21-22)	222
100	사랑받는 사람의 행복 (요 21:24)	224

복음 플러스　믿음의 눈으로 읽어야 할 말씀　　226

오직 이것을 기록함은
너희로 예수께서 하나님의 아들
그리스도이심을 믿게 하려 함이요
또 너희로 믿고 그 이름을 힘입어
생명을 얻게 하려 함이니라 (요 20:31)

01 태초에 계신 하나님

말씀 | 요한복음 1:1-4

태초에 말씀이 계시니라 이 말씀이 하나님과 함께 계셨으니 이 말씀은 곧 하나님이시니라 그가 태초에 하나님과 함께 계셨고 만물이 그로 말미암아 지은 바 되었으니 지은 것이 하나도 그가 없이는 된 것이 없느니라 그 안에 생명이 있었으니 이 생명은 사람들의 빛이라

사도 요한은 예수님 이야기를 시작하면서 그분에 관한 세 가지 진리를 알려 준다. 첫째, 예수님은 태초부터 계신 하나님이시며 둘째, 예수님은 천지를 창조하신 하나님이시며 셋째, 예수님은 하나님과 함께하신 하나님이시라는 것이다.

우리는 하나님을 어떻게 알 수 있을까? 자연 만물과 우리 삶의 모든 부분을 살펴보면 하나님이 계신다는 것을 알 수 있다. 이것을 '일반계시'라고 한다. 하나님은 또 자신을 분명하게 알 수 있도록 계시하셨는데, 이것은 '특별계시'라고 한다. 하나님에 관한 지식은 하나님이 자신을 보여 주시고 알려 주실 때 가능하게 된다. 하나님이 자신을 우리에게 계시해 주셨기 때문에 우리는 하나님을 알 수 있다. 그리고 성령님이 우리 마음에 거하시며 하나님을 믿게 해 주신다.

우리는 육신을 입고 사는, 제한적인 지능을 가진 인간이다. 따라서 우리 스스로 하나님을 완전히 이해하는 것은 매우 어렵다. 우리가 하나님을 가장 잘 알 방법은 나의 경험이나 이해를 바탕으로 하나님이 어떤 분이신지 분석하는 것이 아니라, 성경 말씀을 통해 하나님을 바르게 배우는 것이다. 성경은 하나님이 누구신지 명확하게 알려 주는 책이다. 우리가 성경 말씀을 믿고 하나님을 알 수 있도록 성령님이 이끌어 주신다.

태초에 말씀으로 계셨던 하나님이신 예수님이 생명의 빛으로 오셨다. 생명의 빛으로 오셨다는 것은 우리에게 생명을 주시고, 그 생명을 더욱 풍성하게 하시고자 빛으로 오셨다는 말씀이다. 사람은 처음 창조되었을 때 영생하는 존재로 만들어졌다. 그러나 죄로 인해 영원한 생명을 상실하고 육적 죽음과 하나님과의 단절을 뜻하는 영적 죽음을 받게 되었다.

예수님 안에 생명이 있다. 사람의 죽고 사는 문제, 영원히 사는 문제의 해답은 예수님께 있다. 생명을 창조하신 예수님은 우리가 죄로 인해 상실한 영생을 회복시켜 주시기 위해 이 땅에 오셨다.

더 깊은 묵상

1. 오늘 말씀에서 예수님에 관해 새롭게 알게 된 내용을 정리해 보라.

2. 예수님은 왜 이 땅에 오셨는가?

오늘의 기도

하나님 아버지, 성령님의 감동으로 예수님을 알게 하시고, 예수님을 저의 구원자이시자 주님으로 믿고 따르게 하시니 감사합니다. 구원자 되신 예수님의 신실한 제자 되게 하소서. 예수님의 이름으로 기도합니다. 아멘.

02 환영받지 못한 왕

말씀 | 요한복음 1:11
자기 땅에 오매 자기 백성이 영접하지 아니하였으나

　예수님은 창조주이시며 이 세상의 주인이시다. 그 주인께서 이 땅에 오셨다. 사람들에게 생명을 주시고, 그 생명에 힘을 주시기 위해 빛으로 오셨다. 그러나 사람들은 예수님을 환영하지 않았다. 왜냐하면 그들은 어둠 속에 있었기 때문이다.
　어둠은 빛을 싫어한다. 어둠 속에 있는 자들은 빛에 드러나는 것을 두려워하고, 계속해서 어둠 속에 머물고 싶어 한다. 그래서 그들은 빛으로 오신 예수님을 미워한다. 예수님을 믿는다는 이유로 우리를 비난하거나 미워하는 사람들이 간혹 있는데, 그들도 어둠 속에 있기에 그러는 것이다.
　예수님은 이 땅과 인간을 지으신 하나님이시다. 주인이신 예수님이 자기 땅, 자기 백성에게 오셨지만, 사람들은 예수님을 환영하지 않았다. 예수님이 창조주 하나님이시며 구원자로 이 땅에 오신 하나님이심을 알지 못했기 때문이다.
　죄는 사람의 눈과 마음을 어둡게 하고, 예수님을 대적하게 한다. 어둠에 사로잡힌 자들은 이유 없이 교회를 핍박하고, 하나님의 사람들을 미워한다. 예수님은 죄로 인해 고통받고 죽음의 그늘에 놓여 있는 인생을 원래의 모습, 곧 하나님이 만드신 행복한 모습으로 되돌려 놓으시기 위해 자기 땅, 자기 백성에게 오셨다. 자신을 환영하지 않는 이 세상에 사람의 모습으로 오셨다. 예수님의 사역은 이렇게 시작되었다.

여기서 우리가 유념해야 할 것이 있다. 첫째, 예수님을 기쁜 마음으로 모실 뿐 아니라, 주님의 일을 감당하는 하나님의 사람들을 기쁨으로 환대해야 한다. 우리는 하나님의 일을 하는 사역자들을 기쁨으로 대하고 존중해야 한다. 둘째, 예수님처럼 다른 사람들을 사랑하고 치유하는 좋은 일을 많이 해도 그들에게 환영받지 못할 수 있다는 사실을 알아야 한다.

복음을 전하다 보면 어둠 속에 있는 자들로 인해 거부당하거나 비난받거나 마음에 상처가 되는 일을 겪을 수 있다. 하지만 우리를 배척하는 세상에 서운한 마음을 가지기보다는 예수님을 믿는 믿음 안에 더욱 굳건히 서야 한다. 그러면 주님이 주시는 사랑과 능력으로 넉넉히 이기게 될 것이다.

더 깊은 묵상

1. 세상이 예수님을 환영하지 않은 이유는 무엇인가?

2. 세상이 우리를 미워할 때 어떤 태도를 지녀야 하는가?

오늘의 기도

하나님 아버지, 주님을 마음으로 영접하고 믿고 따르게 하시니 감사합니다. 예수님이 주신 사명을 감당하다 배척당하는 일이 있어도 마음에 상처가 되지 않도록 도와주소서. 예수님의 이름으로 기도합니다. 아멘.

차별하지 않으시는 예수님

말씀 | 요한복음 1:12-13

영접하는 자 곧 그 이름을 믿는 자들에게는 하나님의 자녀가 되는 권세를 주셨으니 이는 혈통으로나 육정으로나 사람의 뜻으로 나지 아니하고 오직 하나님께로부터 난 자들이니라

우리는 살아가면서 많은 차별을 경험한다. 사람들은 멋진 외모를 가진 사람, 학벌이 좋은 사람, 돈이 많은 사람을 선호하는 경향이 있다. 그렇지 못한 사람에게는 차별로 상처를 주기도 한다. 하지만 우리 하나님은 차별하지 않으시는 분이다. 하나님은 출생 배경, 외모, 경제력, 학력, 유력자와의 친분 등 사람들에게 차별의 근거가 되는 것을 모두 배격하셨다. 하나님 앞에서는 모든 사람이 동등하다. 이는 우리에게 주시는 큰 은혜다.

만약 구원을 베푸시는 조건으로 하나님이 우리에게 무엇인가를 요구하셨다면, 우리는 그 기준에 도달하기 위해 또 다른 상처와 고통을 경험해야 할 것이다. 그러나 하나님은 예수님께로 오는 모든 사람을 차별 없이 환영해 주시고, 예수님을 영접하는 모든 사람을 하나님의 자녀로 삼아 주신다.

예수님은 편견과 편애가 없으신 분이다. 세상의 기준으로 구원하지 않으시고, 오직 예수님을 마음에 모셔 나의 하나님으로 인정하고 그분의 말씀대로 살고자 하는 사람들을 하나님의 자녀로 삼아 주신다. 즉, 구원의 근거를 예수님을 마음으로 영접하여 믿는 믿음으로 정해 주신 것이다.

예수님은 왜 하나님의 자녀가 되는 조건으로 믿음만 있으면 된다고 하셨을까? 그것은 구원, 곧 죄를 용서받고 영생을 얻는 일을 위해 우리가 할 수 있는 일은 단 하나도 없기 때문이다. 그래서 구원을 받는 은혜의 방편으로

믿음을 주신 것이다.

하나님의 자녀가 되는 첫걸음은 마음을 열고 내 마음에 예수님을 모시는 것이다. 그리고 계속해서 예수님을 믿는 믿음 안에 사는 것이다. 영접은 예수님을 믿는다는 고백으로 끝나는 것이 아니라, 입으로 고백하고 마음으로 모신 이후 계속해서 예수님의 사람으로 살아가는 것을 말한다.

우리는 어둠 속에서 하나님과 단절되어 있었지만, 예수님을 영접함으로 하나님과의 관계가 회복되었다. 예수님을 내 삶의 주인으로 모시고, 앞으로 예수님만 믿고 따르겠다고 주님 앞에 믿음의 고백을 드리는 순간 하나님의 자녀로서의 삶이 시작된다.

더 깊은 묵상

1. 우리는 어떻게 해서 하나님의 자녀가 되었는가?

2. 차별하지 않으시는 예수님을 통해 무엇을 깨달았는가?

오늘의 기도

하나님 아버지, 차별 없이 저를 사랑해 주시고, 믿음만 보시고 구원해 주심에 감사합니다. 예수님을 제 삶의 주인으로 모십니다. 저를 하나님의 자녀로 살게 하소서. 예수님의 이름으로 기도합니다. 아멘.

04 은혜, 받은 사람만이 아는 기쁨

말씀 | 요한복음 1:16-17

우리가 다 그의 충만한 데서 받으니 은혜 위에 은혜러라 율법은 모세로 말미암아 주어진 것이요 은혜와 진리는 예수 그리스도로 말미암아 온 것이라

　우리의 인생을 돌아보면 모든 것이 은혜다. 하나님이 베푸신 은혜 안에 우리는 살고 있다. 은혜란 '아무런 조건 없이 베푸는 사랑'을 말한다. 은혜 받은 사람의 특징은 마음에 기쁨이 충만해진다는 것이다.

　우리의 인생을 조금만 진지하게 돌아보면, 오늘 내가 존재하고 여기까지 오게 된 모든 것이 하나님의 절대적인 은혜였음을 고백하게 된다. 하나님이 베푸신 가장 큰 은혜는 예수님을 이 땅에 보내셔서 우리의 죗값을 대신 치르게 하시고 영원한 생명을 주심으로 우리를 천국 백성 삼아 주신 것이다. 이것을 능가하는 은혜는 세상에 없다.

　율법은 우리에게 기준을 제시하고, 그 기준에 도달한 사람만 인정한다. 기준에 도달하지 못한 사람에게는 죄인이라는 낙인과 정죄가 따른다. 기준에 도달하기 위해 노력하는 사람은 늘 피곤 속에 살고, 기준에 도달하지 못하면 죄책감에 시달리게 된다. 그런데 놀라운 것은 율법으로 구원에 이르는 사람은 단 한 명도 없다는 점이다. 그러니 율법 안에 있는 사람들은 슬프고 불행할 뿐이다.

　세상 사람들은 율법적인 기준으로 우리를 대한다. 자신들이 생각하는 어느 기준에 도달하면 존중하고 친구가 되어 주지만, 그렇지 못하면 무시하고 냉대한다. 세상은 이처럼 율법적인 태도로 우리에게 상처를 줄 때가 많다.

그러나 예수님은 우리를 율법으로 대하지 않으신다. 오직 은혜로 대해 주신다. 우리를 사랑하고 존중하는 데 어려운 기준을 제시하지 않으시고, 그냥 사랑하시고 그냥 은혜를 부어 주신다.

"은혜 위에 은혜"라는 말씀은 지금 주신 은혜가 다하면 그다음에 더 큰 은혜를 주신다는 뜻이다. 모든 은혜를 주시고 또 영생의 은혜를 주신다는 뜻으로 이해해도 된다. 그리고 구원의 은혜를 베푸시고 난 이후에도 계속해서 필요한 은혜를 주신다는 뜻으로 이해해도 된다. 예수님 안에 있으면 은혜를 한없이 누리게 된다. 은혜는 마음에 큰 기쁨을 준다. 은혜의 기쁨은 오직 받은 사람만이 알고 누릴 수 있다.

더 깊은 묵상

1. 율법은 어떤 고통을 주는가?

2. "은혜 위에 은혜"라는 말씀의 의미를 다시 정리해 보라.

오늘의 기도

하나님 아버지, 기준과 조건으로 저를 대하지 않으시고 오직 사랑과 은혜로 대해 주시니 참으로 감사합니다. 하나님께 받은 은혜가 너무 큽니다. 구원을 주신 것과 지금의 나 된 것은 모두 주님의 은혜입니다. 이 은혜에 늘 감사하며 살게 하소서. 예수님의 이름으로 기도합니다. 아멘.

05 예수님을 증언한 세례 요한

말씀 | 요한복음 1:29-31

이튿날 요한이 예수께서 자기에게 나아오심을 보고 이르되 보라 세상 죄를 지고 가는 하나님의 어린양이로다 내가 전에 말하기를 내 뒤에 오는 사람이 있는데 나보다 앞선 것은 그가 나보다 먼저 계심이라 한 것이 이 사람을 가리킴이라 나도 그를 알지 못하였으나 내가 와서 물로 세례를 베푸는 것은 그를 이스라엘에 나타내려 함이라 하니라

  세례 요한은 이 땅에 오실 예수님의 길을 예비하기 위해 보내심을 받은 사람이다. 이 땅에 생명의 빛으로 오신 예수님을 증언하러 온 것이다. 그는 자신의 이 역할을 잘 알고 있었다.

  인기가 많아지고 주목을 받으면 겸손을 잃고 자신의 위치를 망각하는 사람들이 있다. 처음에는 하나님을 잘 믿다가, 자신을 따르는 이들이 많아지니 이단의 교주가 되고 심지어는 자신을 재림주 또는 구원자로 칭하는 자들을 예로 들 수 있다.

  당시 세례 요한은 인기가 매우 많았다. 사람들은 어쩌면 그가 구원자일지도 모른다고 생각했다. 세례 요한은 사람들에게 예수님만큼 존경을 받았지만, 절대 자신의 위치를 망각하지 않았다. 자신은 빛이 아니라 그 빛을 증언하러 온 사람이며, 성경이 예언한 메시아가 아니라 그분의 길을 예비하러 온 사람임을 절대 잊지 않았다.

  세례 요한은 예수님이 "세상 죄를 지고 가는 하나님의 어린양", 곧 구원자로 오셨다는 것을 성령을 통해 알았다. 예수님 위에 성령이 내려와서 머무는 것을 보고 예수님이 이 땅에 오신 하나님이심을 알았던 것이다. 이처럼 우리도 성령님의 도우심으로 예수님을 더 깊이 알고 더 깊이 믿게 된다. 성령님이 우리 마음에 감동을 주셔서 예수님을 믿고 섬길 수 있게 하신다.

세례 요한이 생명의 빛으로 오신 예수님을 증언했지만, 사람들은 예수님을 알지 못했다. 어둠 속에 있기 때문에 생명의 빛을 깨닫지 못한 것이다. 세례 요한은 외로운 사역의 길을 걸어갔다. 증언해도 알아주는 사람이 없고, 끝이 보이지도 않는 일이 그의 사역이었다. 하지만 세례 요한은 자신에게 주어진 그 길을 묵묵히 걸어갔다. 세례 요한의 이러한 믿음의 태도는 사명 받은 자로 살아가는 우리에게 모범이 된다.

세례 요한의 사명은 주님의 길을 먼저 여는 것이었다. 주님이 가시고자 하는 곳, 즉 복음이 전해지길 원하시는 곳에 먼저 가서 주님의 길을 예비하는 것이 그가 걸어가야 할 삶이었다. 큰 인기에도 자신의 위치를 망각하지 않고, 외로움 속에서도 묵묵히 사명을 위해 걸어간 세례 요한처럼 우리도 예수님을 전파하며 예수님의 길을 여는 믿음의 사람이 되어야 한다.

더 깊은 묵상

1. 세례 요한에게 어떤 믿음의 태도를 본받을 수 있겠는가?

2. 세례 요한은 예수님을 어떻게 소개했는가?

오늘의 기도

고마우신 하나님 아버지, 세례 요한처럼 주님을 기쁘시게 해 드리는 삶을 살게 하소서. 주님의 길을 예비하며 주님이 주신 사명을 잘 감당하는 믿음의 사람이 되게 하소서. 예수님의 이름으로 기도합니다. 아멘.

06 미래를 축복하신 예수님

말씀 | 요한복음 1:42
예수께서 보시고 이르시되 네가 요한의 아들 시몬이니 장차 게바라 하리라 하시니라 (게바는 번역하면 베드로라)

예수님이 시몬을 만나셨다. 예수님은 시몬에게 '게바'라는 이름을 주셨다. '시몬'은 '응답하셨다'는 뜻의 히브리 이름 '시므온'의 헬라식 이름이다. '게바'는 '반석'이란 뜻의 아람어 이름으로, '게바'의 헬라식 이름은 '베드로'다(예수님 시대에는 헬라어, 아람어, 히브리어, 세 가지 언어가 사용되었다). 예수님이 시몬에게 게바라는 이름을 주신 것은 시몬이 앞으로 예수님의 제자가 되어 복음 사역에서 중요한 역할을 감당하고, 교회의 기초를 놓는 반석 같은 존재가 될 것이라는 뜻이다.

예수님은 게바, 즉 베드로를 만나셨을 때 그의 미래를 주목하셨다. 갈릴리 지역에서 물고기를 잡던 그의 과거 모습과 아직 제자로 준비되지 못한 현재 모습을 보시지 않고, 후일에 반석 같은 존재가 되어 영혼을 구원하며 사도의 역할을 감당할 그의 미래, 곧 예수님의 수제자로서의 모습을 보신 것이다.

이와 비슷한 예로 이탈리아의 조각가 미켈란젤로에 관한 유명한 일화가 있다. 어느 날, 미켈란젤로가 커다란 대리석으로 한참 조각 작업을 하고 있을 때였다. 한 소녀가 그에게 왜 그렇게 열심히 돌을 두드리냐고 물었다. 미켈란젤로는 그 소녀에게 이 대리석은 그냥 돌덩어리가 아니며, 그 안에 천사가 들어 있다고 말했다. 그리고 그 안에서 잠자고 있는 천사를 깨워 자유롭게 해 주려고 돌을 쪼고 있다고 답했다. 흠 많고 거칠었던 대리석이 한 조각가의 눈에는 천사가 잠자고 있는 돌로 보였고, 결국 이 대리석은 위대한 조각 「다비드상」으로 탄생하게 되었다. 남들은 단점만 보며 포기한 돌덩어리가 그 안에서 천사를 볼 수 있었던 미켈란젤로의 혜안으로 걸작품이 된 것이다.

예수님은 베드로의 미래를 보며 그를 축복하셨듯이, 우리도 그렇게 대하신다. 우리의 과거와 현재 모습을 보시는 게 아니라, 주님 안에서 새로워지고 놀랍게 쓰임 받게 될 우리의 미래를 기대하시고 격려해 주신다. 우리도 다른 사람들을 대할 때 그들의 미래와 가능성에 주목하며 축복해야 한다. 또한 우리 자신도 그렇게 대해야 한다. 과거와 현재에 얽매이지 않고, 주님과 함께 이루어 갈 밝고 희망찬 미래를 꿈꾸며 앞으로 나아가야 한다.

더 깊은 묵상

1. 시몬에게 게바(베드로)라는 이름을 주신 예수님의 이야기를 통해 무엇을 느꼈는가?

2. 격려하고 축복해야 할 사람들의 이름을 적고 그들의 미래를 축복하는 기도를 드리라.

오늘의 기도

하나님 아버지, 연약했던 과거를 보지 않으시고, 미래를 보고 복을 주시는 그 은혜에 감사합니다. 하나님의 은혜로 늘 미래를 바라고 꿈꾸며 앞으로 나아가기를 소망합니다. 예수님의 이름으로 기도합니다. 아멘.

07　나다나엘을 부르신 예수님

말씀 | 요한복음 1:47-48

예수께서 나다나엘이 자기에게 오는 것을 보시고 그를 가리켜 이르시되 보라 이는 참으로 이스라엘 사람이라 그 속에 간사한 것이 없도다 나다나엘이 이르되 어떻게 나를 아시나이까 예수께서 대답하여 이르시되 빌립이 너를 부르기 전에 네가 무화과나무 아래에 있을 때에 보았노라

예수님을 만난 빌립은 그의 친구 나다나엘에게 예수님을 소개하면서, 성경에 예언된 메시아를 만났다고 말했다. 그러자 나다나엘은 나사렛에서 무슨 선한 것이 나올 수 있겠냐고 반문했다. 당시 유대인들은 나사렛을 이방 땅으로 여겼고, 또 나사렛 사람을 경멸과 조롱의 대상으로 보았다. 그러기에 우리의 구원자, 하나님의 아들이 오셨다면 왜 그런 동네에 계시겠냐는 의문이 든 것이다.

예수님은 나다나엘이 자기에게 오는 것을 보시고 그는 간사한 것이 없는 진짜 이스라엘 사람이라고 말씀하셨다. 이에 나다나엘이 자기를 어떻게 아시냐고 묻자, 예수님은 그가 무화과나무 아래에 있을 때 보았다고 대답하셨다.

나다나엘은 예수님의 이 말씀에 깜짝 놀랐다. 그는 무화과나무 아래에서 묵상과 기도를 했다. 구원자를 기다리면서 하나님의 말씀을 묵상하고 이스라엘의 회복을 위해 기도했다. 그의 은밀한 기도는 아무도 알 수 없고, 오직 그 자신과 하나님만이 아시는 것이었다. 그런데 이 기도를 예수님도 아시기에 놀랐던 것이다. 나다나엘은 자신의 판단으로 예수님을 알아보겠다고 생각하면서 예수님을 찾아왔다. 하지만 예수님은 나다나엘을 그 전부터 알고 계셨고, 그의 기도를 들으셨다.

우리도 마찬가지다. 우리가 예수님을 믿기 위해 찾아온 것 같지만, 사실은 그 전에 이미 예수님이 우리를 부르신 것이다. 우리를 먼저 아시고, 우리의 기도를 들으시는 예수님은 우리를 그렇게 구원으로 부르셨다.

예수님은 나다나엘에게 나중에 더 큰 영광을 보게 될 것이라고 말씀하셨다. 예수님과 동행하는 사람들에게는 이처럼 큰 축복이 있다. 이전보다 더 크고 놀라운 일을 보면서 살게 되는 것이다. 우리 예수님은 참 하나님이시다. 우리 마음속 깊은 곳까지 아시고, 우리의 은밀한 기도와 묵상을 받으시는 분이다.

예수님과 함께 가는 길은 날마다 새롭고 놀라우며 아름답게 창조되는 미래가 될 것이다. 예수님과 함께하는 모든 날이 우리에게는 새롭게 태어나는 날이 될 것이다.

더 깊은 묵상

1. 나다나엘이 예수님을 믿게 된 이유는 무엇인가?

2. 오늘 말씀을 통해 예수님에 관해 새롭게 발견한 진리는 무엇인가?

오늘의 기도

고마우신 하나님 아버지, 살아가는 모든 날이 주님과 함께 새롭게 이루어 가는 날이 되게 하소서. 크고 놀라운 일을 기대하며 주님과 함께 가는 길을 믿음으로 나아가게 하소서. 예수님의 이름으로 기도합니다. 아멘.

08 그대로 하라

말씀 | 요한복음 2:5
그의 어머니가 하인들에게 이르되 너희에게 무슨 말씀을 하시든지 그대로 하라 하니라

예수님은 혼인 잔치가 열린 집에서 물로 포도주를 만드는 기적을 베푸셨다. 이것은 예수님이 행하신 첫 번째 기적이다. 이 기적은 예수님이 하나님의 아들이시며, 창조의 능력을 지니신 하나님이시자 이 땅에 오신 하나님이심을 나타낸다.

마리아는 하인들에게 예수님이 무슨 말씀을 하시든지 그대로 하라고 부탁했다. 예수님은 하인들에게 항아리에 물을 채우고 그 물을 떠서 연회장에 가져다주라고 하셨다. 하인들이 순종하여 그 말씀대로 했더니 물이 포도주가 되었다. 그런데 아무리 단순한 말씀일지라도 이처럼 그대로 하는 것은 쉽지 않은 일이다.

우리는 하나님의 말씀에 순종하려고 할 때 자아라는 큰 장애물을 만난다. 주님이 순종을 요구하실 때 "주님, 제 생각에 이것은 올바른 방법이 아닌 것 같습니다."라고 하며 내 생각을 주장하기도 한다.

주님의 말씀이 내 생각과는 다른 것 같아도 그대로 하는 것이 순종이다. 우리가 주님의 말씀에 순종해야 하는 이유는, 예수님이 우리의 창조주이시자 주님 되시며, 우리는 그분의 피조물이자 종이기 때문이다. 예수님은 전지전능하시지만 우리는 유한하기에, 내 판단에 근거해서 순종하는 것이 아니라 예수님의 말씀에 근거해서 순종해야 하는 것이다.

하인들이 한 일은 단지 항아리에 물을 채우고 그 물을 떠서 연회장에 가져다준 것뿐이었다. 어떻게 보면 참 간단한 일이다. 그러나 만약 하인들이 자기 의지가 강하고 생각이 많았다면 그렇게 하기가 힘들었을 것이다. 물을 떠다 주었다가 사람들에게 비난과 벌을 받게 될지도 모른다고 생각했다면 순종하기 힘들었을 것이다.

순종하기 위해서는 내 생각과 내 자아와 내 경험을 넘어서야 한다. 순종은 예수님이 나의 주님이시라는 사실을 인정하고, 나는 그분의 말씀을 따르는 제자임을 마음 깊이 받아들일 때 자발적으로 일어나게 된다. 철저하게 주님을 높이고 자신을 낮출 때 순종을 잘할 수 있다. 오직 겸손만이 온전한 순종의 자리로 나아가게 한다.

하나님이 하시는 일들을 머리로는 다 이해할 수 없을 때가 많을 것이다. 하지만 그럴지라도 감사하는 마음으로 날마다 순종하며 주님을 따라야 한다. 일평생 주님의 제자로 살아가면서 가장 중요한 것이 바로 순종이다. 온전한 순종이 하나님의 역사를 이룬다는 것을 늘 기억해야 한다.

더 깊은 묵상

1. 예수님의 말씀에 순종하기 어려운 이유는 무엇인가?

2. 순종하는 하인들의 모습을 보면서 무엇을 느꼈는가?

오늘의 기도

고마우신 하나님 아버지, 주님을 믿는다고 말하지만 여전히 자아가 강해 말씀에 온전히 순종하지 못하는 연약한 모습을 보게 됩니다. 온전히 순종하는 믿음의 사람이 되게 하소서. 예수님의 이름으로 기도합니다. 아멘.

09 변화

말씀 | 요한복음 2:9
연회장은 물로 된 포도주를 맛보고도 어디서 났는지 알지 못하되 물 떠온 하인들은 알더라

예수님이 물로 포도주를 만드신 사건은 일종의 변화다. 더 정확하게 말하자면 재창조다. 물이 포도주가 되었다는 것은 포도주로 새롭게 만들어졌다는 뜻이다. 구원은 이처럼 우리가 예수님 안에서 새롭게 태어나는 것을 말한다. 예수님 안에서 새로워지는 것이다.

포도주가 되기 전 항아리에 담긴 물은 손님들의 발을 씻는 용도였다. 그러나 포도주로 변화된 이후에는 그 잔칫집에서 가장 중요한 것이 되었다. 예수님을 영접하면 이처럼 하나님 보시기에 좋도록 변화된다. 특별히 우리 마음과 인격에 변화가 일어나 예수님을 닮아 가게 된다. 이 변화는 예수님의 사랑과 은혜로부터 시작된다. 소나기 맞듯이 급격하게 은혜를 경험하든, 이슬비 맞듯이 서서히 은혜를 경험하든 우리는 이 은혜로 예수님을 닮아 가는 질적인 변화를 경험하게 된다.

가장 먼저 일어나는 변화는 생각의 변화다. 예전에는 한 번도 생각해 보지 못했던 예배에 대한 부담, 하나님에 대한 부담, 말씀에 대한 부담, 세상에서 죄짓는 삶에 대한 부담이 생기면서 예수님의 말씀을 배우고 싶게 된다. 이러한 생각의 변화로 마음과 인격에도 변화가 나타나게 된다. 그리고 이 변화는 삶의 변화, 주변 관계의 변화로 이어지게 된다.

예수님 안에서 모든 것은 합력하여 선을 이루고 아름답게 변화된다. 주

님은 우리에게 주어진 고통 또한 선한 도구로 변화시켜 주신다. 예수님 밖에 있을 때는 항아리에 담긴 물처럼 보잘것없는 존재였을지 모르나, 예수님 안에서 구원받은 후에는 잔칫집의 포도주처럼 귀한 존재가 된다. 주님은 지금도 우리를 변화시키고 계신다. 예수님을 믿는 믿음 안에 있는 우리는 날마다 새롭게 변화된다. 그리고 주님이 구원을 완성하시는 마지막 날에는 예수님처럼 변화될 것이다.

자연 세계에서는 물이 포도주로 변할 수 없다. 그러나 창조주이신 예수님은 물로 포도주를 만드셨다. 예수님은 예수님 안에 있는 우리 인생도 그렇게 만들어 가신다. 그래서 우리의 미래는 희망적일 수밖에 없다. 예수님과 함께하는 모든 날이 기쁨과 기대의 연속일 수밖에 없다. 예수님 안에서 우리는 새로운 소명을 발견하고, 날마다 주님이 변화시켜 주실 일들을 기대하며 살아가야 한다.

더 깊은 묵상

1. 예수님을 믿고 난 이후 나의 삶에 어떤 변화가 일어났는가?

2. 앞으로 주님이 더 변화시켜 주시리라 기대되는 것이 있다면 무엇인가?

오늘의 기도

하나님 아버지, 예수님을 구주로 모시고 살게 하시니 감사합니다. 날마다 주님이 이루어 주시는 변화를 기대하게 하소서. 저의 인격이 날마다 더 주님을 닮아 성숙하게 하소서. 예수님의 이름으로 기도합니다. 아멘.

10 제자들이 믿으니라

말씀 | 요한복음 2:11
예수께서 이 첫 표적을 갈릴리 가나에서 행하여 그의 영광을 나타내시매 제자들이 그를 믿으니라

물이 포도주가 된 기적은 혼인 잔치에 참여한 모든 사람을 기쁘게 했다. 이 기적은 잔칫집에 있던 여러 사람에게 의미 있는 일이었다. 특히 제자들에게는 더 큰 의미가 있었다. 이 기적은 하나님의 영광을 나타내는 동시에 예수님을 따르기로 한 제자들에게 예수님을 더 믿게 하는 계기가 되었기 때문이다.

제자들은 여러 경로로 예수님의 부르심을 받았다. 요한은 세례 요한을 통해 예수님을 만났고, 베드로와 야고보는 그들의 형제들을 통해 예수님을 만났다. 빌립과 나다나엘은 친구를 통해 예수님을 만났다. 제자들은 예수님을 하나님이 보내신 구원자로 믿고 따랐다. 예수님을 향한 제자들의 믿음은 예수님과 동행하면서 자라게 되었다. 예수님이 물로 포도주를 만드신 이 사역은 제자들의 믿음이 견고해진 그 첫 과정이 되었다.

우리의 믿음도 자라야 한다. 제자들처럼 예수님을 믿고 따르기 위해 교회에 왔지만, 여기서 머무는 것이 아니라 믿음이 더 자라도록 노력해야 한다. 하나님의 말씀을 많이 읽고, 듣고, 공부하고, 암송하고, 묵상할 때 믿음이 자라게 된다. 또 기도 생활을 통해 믿음이 자라게 된다.

우리는 기도를 통해 하나님의 일하심을 경험할 수 있게 된다. 이것을 기도 응답이라고 한다. 하나님께 기도드린 후에 하나님의 기도 응답을 반복

적으로 경험하면서 살아계신 하나님을 더 견고하게 믿게 된다.

우리가 기도하면 하나님은 그대로 응답해 주시거나, 더 좋은 기도로 바꾸어 주시거나, 아니면 하나님의 뜻에 맞게 구하도록 지혜를 주신다. 기도는 살아계신 하나님을 경험하는 중요한 수단이 된다. 마치 제자들이 물로 포도주를 만드시는 예수님을 경험한 것처럼 우리는 기도와 응답을 통해서 하나님의 일하심을 경험하게 된다. 그리고 이 경험이 반복되면서 믿음이 자라게 된다.

믿음이 성장하려면 하나님의 말씀을 가까이해야 한다. 그리고 기도 생활에 집중해야 한다. 이 두 가지는 믿음이 자라는 데 가장 큰 기초가 된다. 특별히 기도와 응답은 하나님의 일하심을 직접 경험함으로 믿음이 자라는 매우 좋은 기회가 된다.

더 깊은 묵상

1. 제자들이 예수님을 더 굳게 믿게 된 이유는 무엇인가?

2. 믿음이 자라는 데 가장 큰 기초가 되는 것은 무엇인가?

오늘의 기도

고마우신 하나님 아버지, 말씀과 기도에 집중하게 하시고, 응답하시는 하나님을 통해서 믿음이 더욱 견고해지는 은혜가 있게 하소서. 예수님의 이름으로 기도합니다. 아멘.

11 세속화를 경계하라

말씀 | 요한복음 2:16
비둘기 파는 사람들에게 이르시되 이것을 여기서 가져가라 내 아버지의 집으로 장사하는 집을 만들지 말라 하시니

예수님이 유월절에 예루살렘 성전으로 올라가셨다. 유대인들은 절기마다 성전에 와서 하나님께 제사를 드렸다. 그런데 먼 곳에 사는 유대인들은 제사에 쓸 소와 양, 비둘기를 예루살렘 성전까지 가져오기가 무척 힘들었다. 그래서 성전에는 돈을 바꾸어 주는 환전상과 제물을 파는 상인이 생겨나기 시작했다.

이 일은 순례자들에게 편의를 제공하기 위해 시작되었다. 그러나 여기서 금전적인 이익이 발생하면서 상황이 달라졌다. 환전상들과 상인들뿐만 아니라 성전에서 일어나는 모든 일을 관리하는 대제사장과 종교 지도자들도 돈을 벌기 시작하면서 점점 예배의 본질을 잃게 되었다.

중세 교회는 교회를 건축하기 위해 면죄부를 판매했다. 교회를 아름답게 짓는 것은 좋은 일이지만, 그렇다고 없는 교리를 만들어 면죄부를 판매하는 것은 죄다. 이것이 종교개혁을 불러왔다. 본질이 변질할 때 우리는 올바른 믿음으로 되돌아가도록 개혁해야 한다.

세상은 계속해서 하나님의 사람들을 변질시키려고 한다. 이것을 세속화라고 한다. 그리스도인들은 세상을 복음으로 변화시키려고 한다. 이것은 복음화라고 한다. 이 둘의 끝없는 싸움이 바로 영적 전투다. 사탄은 하나님의 사람들을 변질시키려고 한다. 우리는 복음을 전하는 사역도 해야 하

지만, 진리 위에 견고하게 서서 늘 영적으로 깨어 있어야 한다. "그런즉 선 줄로 생각하는 자는 넘어질까 조심하라"(고전 10:12).

예수님은 성전에 들어가셔서 양과 소를 내쫓으시고, 환전상들의 돈을 쏟아 버리시며 그들의 상을 둘러엎으셨다. 비둘기를 파는 자들에게는 그것을 당장 치우라고 하셨다. 성전은 예배드리는 곳이자 기도하는 곳이며 하나님을 만나는 곳이다. 성전은 장사하는 곳이 아니다. 이익을 추구하는 곳이 아니다. 예수님은 비본질로 가득한 성전이 본질로 돌아오도록 하셨다.

세상은 계속해서 우리를 변질시키려고 한다. 그러나 복음은 예수 그리스도 안에서 우리를 더욱더 주님과 닮아 가도록 변화시켜 준다. 우리 안에서 영적 전투가 계속되고 있다. 하지만 우리는 성령님의 도우심으로 승리하게 될 것이다.

더 깊은 묵상

1. 나의 삶에서 세속화될 가능성이 가장 큰 부분은 무엇인가?

2. 교회의 거룩함을 위해 기도하는 시간을 가지라.

오늘의 기도

고마우신 하나님 아버지, 예수님이 기뻐하시는 교회를 세워 가게 하소서. 비본질적인 일이 주인 노릇 하지 못하게 하소서. 오직 교회가 교회 되게 하사 하나님께 영광 돌리고, 성도들에게는 사랑의 교제가 충만한 공동체 되게 하소서. 예수님의 이름으로 기도합니다. 아멘.

12 청결은 비움으로부터

말씀 | 요한복음 2:17
제자들이 성경 말씀에 주의 전을 사모하는 열심이 나를 삼키리라 한 것을 기억하더라

    예수님은 성전을 무척 소중하게 여기셨다. 그래서 사역을 시작하실 때 성전을 청결하게 하셨고, 십자가를 지시기 전에도 성전을 청결하게 하셨다. 성전이 성전으로써 쓰임 받도록 하신 것이다. 예수님은 이처럼 비본질적인 요소가 본질을 압도하지 못하게 하셨다.

    예수님은 성전을 청결하게 하시기 위해 성전 안에 있는 비본질적인 것들을 모두 내쫓으셨다. 노끈으로 채찍을 만들어 양과 소를 내쫓으시고, 환전상들의 상을 둘러엎으셨다. 비둘기를 파는 사람들에게는 그것을 치우라고 하셨다. 이것은 성전을 깨끗하게 하시기 위한 모습이지, 결코 과격한 행동이 아니다.

    예수님이 과격하게 개혁하고자 하셨다면 노끈으로 채찍을 만들지 않으시고 직접 채찍을 사용하셨을 것이다. 비둘기를 성전에서 날리든 상관하지 않으시고 바로 엎어 버리고 쫓아내셨을 것이다. 예수님의 성전 청결 개혁은 온유한 모습으로 진행되었음을 기억해야 한다. 일반적으로 사람들은 개혁한다고 하면 과격해지는 경향이 있다. 좋은 의도와 좋은 목표라면 그 방법 또한 선해야 한다. 그리스도인들의 개혁은 과정 또한 중요하다.

    성전을 깨끗하게 하기 위해서는 먼저 비워야 했다. 그곳에 있어서는 안 되는 것들을 내보내는 일이 선행되어야 했다. 우리 삶도 마찬가지다. 예수

님을 우리 삶의 주인으로 모시기 위해서는 먼저 우리 속을 비워야 한다. 나의 성품 속에 혹은 나의 마음속에 있어서는 안 되는 것들을 내보내는 태도가 필요하다. 예수님을 닮은 사람으로서 내 마음에 있으면 어색한 것들, 잘 어울리지 않는 것들에 대해서는 늘 비우는 태도가 필요하다. 이 비움은 예수님을 더 잘 모시고 더 잘 섬길 수 있게 해 준다.

청결은 비움과 더불어 채움이 있어야 한다. 내 속에 성령의 능력이 채워져야 한다. 성령님의 뜻을 따르면 육체의 욕심을 이루지 않는다. 육체의 욕심이 자랄 기회를 주지 않는다. 우리 마음이 악한 것들로 채워져 있다면 반드시 비워야 한다. 그리고 그 빈자리는 주님의 말씀과 주님의 성령으로 채워져야 한다. 그러려면 말씀과 기도에 집중해야 한다.

더 깊은 묵상

1. 예수님이 성전을 청결하게 하신 이유는 무엇인가?

2. 내 속에서 비워야 할 것과 채워져야 할 것은 무엇인가?

오늘의 기도

고마우신 하나님 아버지, 예수님을 저의 주인으로 더 잘 모시기 위해 제 안에 있는 것 중에 내보내야 할 것들을 늘 비우게 하소서. 성령 충만한 삶이 되게 하소서. 예수님의 이름으로 기도합니다. 아멘.

13 겸손하고 온유하신 예수님

말씀 | 요한복음 2:18
이에 유대인들이 대답하여 예수께 말하기를 네가 이런 일을 행하니 무슨 표적을 우리에게 보이겠느냐

    예수님이 성전에 오셔서 성전을 청결하게 하셨을 때 많은 종교 지도자가 예수님의 권위에 시비를 걸었다. 아들이 아버지의 집을 청결하게 하는데, 종들이 와서 그 권위를 문제 삼으며 덤빈 것이다.
    예수님이 이 땅에서 사역하실 때 예수님의 권위를 인정하지 않는 종교 지도자가 많았다. 그들은 예수님을 모욕하며 공격했다. 그러나 예수님은 그들의 무지한 공격을 징벌로 대응하지 않으셨다. 심지어 십자가에서 조롱당하실 때도 보복하지 않으시고 오히려 그들을 위해 용서의 기도를 하셨다. "이에 예수께서 이르시되 아버지 저들을 사하여 주옵소서 자기들이 하는 것을 알지 못함이니이다 하시더라"(눅 23:34).
    예수님은 왜 용서의 기도를 하셨을까? 자신을 하나님의 아들로 대우하지 않고 모욕과 공격도 모자라 죽이기까지 하려 한 그들을 용서하신 이유는 무엇일까? 그것은 예수님의 성품이 겸손하고 온유하시기 때문이다. 겸손은 자신을 낮추는 태도로 내면의 성숙함을 나타낸다. 내면의 겸손이 외면으로 나타나는 모습이 바로 온유다. 겸손과 온유는 같은 의미이며 예수님을 대표하는 성품이다.
    성품이 온유하면 타인을 부드럽게 대하고, 자신을 공격하는 사람에게 보복하지 않는다. 우리는 누군가에게 말로든 행동으로든 공격받으면 보복하

고 싶은 마음이 든다. 그러나 온유하신 예수님은 자신을 몰아세우는 종교 지도자들을 그렇게 대하지 않으셨다.

예수님은 예수님께로 나아가는 모든 사람을 부드럽고 친절하게 대해 주시고 영접해 주신다. 우리가 예수님을 알지 못했을 때 예수님을 향해 무지함으로 저지른 많은 악한 행동에 대해서도 인내하시며 징벌하지 않으시고 온유함으로 대해 주신다.

우리는 예수님의 제자들이다. 제자는 스승을 닮아 간다. 예수님을 닮아 가다 보면 우리 내면은 더욱 겸손해지고, 우리 외면은 더욱 온유해질 것이다. 우리는 예수님의 온유한 성품이 우리 삶에 거하도록 힘써야 한다. 특히 나의 성품에 가장 큰 영향을 받는 가족들과 나의 권위 아래 있는 사람들에게 온유함으로 대하도록 노력해야 한다.

더 깊은 묵상

1. 진정한 온유함의 의미는 무엇인가?

2. 나의 삶에서 겸손과 온유를 실천해야 할 일은 무엇인가?

오늘의 기도

고마우신 하나님 아버지, 예수님의 성품을 더욱더 닮아 가게 하소서. 즉시 분노하거나 보복하려는 마음을 다스려 주시고, 주님의 은혜로 온유함이 풍성하게 하소서. 예수님의 이름으로 기도합니다. 아멘.

14. 참된 성전이신 예수님

말씀 | 요한복음 2:19
예수께서 대답하여 이르시되 너희가 이 성전을 헐라 내가 사흘 동안에 일으키리라

   종교 지도자들은 성전을 청결하게 하시는 예수님께 거세게 항의했다. 그들에게 예수님의 행동은 잘 알지도 못하는 사람이 와서 자신들의 밥줄을 끊는 것과 같았기 때문이다. 그들은 예수님께 무슨 권리로 이런 일을 하냐며, 메시아라면 그것을 입증할 표적을 보여 달라고 요청했다. 그러자 예수님은 성전을 허물면 3일 만에 다시 일으키겠다고 하셨다.
   종교 지도자들은 46년 동안 지은 성전을 어떻게 3일 만에 일으키겠냐며 따져 물었다. 제자들은 이 당시 예수님의 말씀을 바르게 이해하지 못하다가, 예수님이 죽음에서 부활하신 후에야 여기서 성전은 예수님 자신을 가리킴을 깨닫게 되었다.
   성전은 하나님께 예배하는 곳, 하나님께 죄를 용서받는 곳, 하나님을 만나는 곳, 하나님과 교제하는 곳, 하나님께 기도하는 곳이다. 구약 시대에는 짐승의 피를 흘려 대속 제사를 드림으로써 죄를 용서받고 하나님께 나아가는 예식이 성전에서 있었다.
   성경은 성전의 세 가지 모습을 말한다. 첫째, 하나님께 예배드리는 건물로서의 성전을 말하며 둘째, 성령님을 모시고 사는 우리 몸이 성전이라고 말한다. 셋째, 참된 성전은 바로 예수 그리스도 자신이시라고 말한다.
   예수님은 완벽한 성전이시다. 죄인인 우리가 하나님을 만나 용서받고,

예배를 통해 하나님과 교제할 수 있게 하시는 유일한 중보자가 바로 예수 그리스도이시기에 예수님이 진정한 성전이시다. 천국에 가면 없는 것이 몇 가지 있는데, 그중 하나가 성전이다. 요한은 나중에 밧모섬에서 천국에 대한 환상을 보았는데, 천국에는 성전이 없었다. 그 이유는 하나님과 어린 양 예수님이 친히 성전 되셨기 때문이다(계 21:22).

인간이 손으로 지은 건물보다, 그 어떤 제도보다 가장 완벽하게 하나님을 만나 하나님과 하나 될 수 있게 하시는 분이 바로 예수님이시다. 진정한 예배는 예수님 안에서 이루어진다. 예수님 안에 있을 때 바른 예배를 드릴 수 있고, 참된 은혜와 평안과 하나님의 영광을 경험하게 된다. 예수님은 우리의 성전이시다. 예수님은 우리에게 예배의 기쁨을 주시고, 하나님을 아버지라 부를 수 있게 하셨다. 그리고 생명의 길을 열어 주셨다.

더 깊은 묵상

1. 성경에서 말하는 성전의 세 가지 모습은 무엇인가?

2. 예수님이 참된 성전 되신다는 사실을 통해 무엇을 느꼈는가?

오늘의 기도

고마우신 하나님 아버지, 성전이신 예수님 안에서 예배하며 은혜를 누리게 하소서. 예수님과 교제하는 신령한 은혜를 날마다 누리게 하소서. 예수님의 이름으로 기도합니다. 아멘.

15 인기에 연연하지 않으신 예수님

말씀 | 요한복음 2:24-25
예수는 그의 몸을 그들에게 의탁하지 아니하셨으니 이는 친히 모든 사람을 아심이요 또 사람에 대하여 누구의 증언도 받으실 필요가 없었으니 이는 그가 친히 사람의 속에 있는 것을 아셨음이니라

    기적과 표적을 일으키신 예수님은 사람들 사이에서 인기 있는 분이 되셨다. 그러나 예수님은 인기에 연연하지 않으셨다. 예수님이 이 땅에 오신 목적은 인기를 얻기 위함이 아니며, 자신이 하나님의 아들이심을 증명하는 일에 인기를 이용할 필요가 없으셨기 때문이다. 또한 예수님은 예수님을 이용하려는 목적으로 사람들이 자신을 따른다는 것을 아셨다.
    간혹 우리는 사람들에게 주목받고 인기 있는 것이 사역을 잘하는 것이라고 생각한다. 그러나 인기를 중심으로 하는 사역은 반드시 어려움을 초래한다. 우리는 하나님 중심으로 하나님의 말씀을 따라 살아야 한다. 그 길은 인기보다는 비난과 고난이 따를 때가 많다. 하지만 그런 상황에서도 하나님의 뜻을 따라 살아야 한다.
    사울은 초대 이스라엘의 왕이었다. 그러나 그의 왕권은 다윗에게 넘어가게 되었다. 사울은 인기에 연연하며 백성이 원하는 일을 들어주고자 했다. 그러나 다윗은 하나님이 원하시는 일을 이루고자 힘썼다. 이것이 두 사람의 큰 차이점이었다.
    물론 하나님을 기쁘시게 해 드리면서 사람들에게 인기도 얻는다면 가장 이상적일 것이다. 그러나 이기적인 목적으로 다른 사람을 따르고 지지하는 이들도 많다는 것을 알아야 한다. 하나님의 일을 하는 사람들은 사람을

기쁘게 하는 이들이 아니다. 우리는 하나님을 기쁘시게 하는 동시에 사람도 기쁘게 할 수 있다. 그러나 사람들의 평판이나 인기에 연연해 모든 것을 결정해서는 안 된다.

사람들을 의식하면서 살면 그들이 나를 알아주지 않을 때는 섭섭함을 느끼고, 조금이라도 알아주면 우쭐거리게 된다. 그러나 하나님 중심으로 살면 사람들의 평판보다 하나님이 나를 어떻게 보시는지에 집중하게 된다. 그리고 하나님이 원하시는 일을 이루기 위해 그 길을 가고자 힘쓰게 된다.

다른 사람들이 나를 알아주지 않는다고 섭섭해하지도 말고, 그들에게 나를 알리기 위해 애쓰지도 말았으면 좋겠다. 그저 하나님이 우리에게 주신 사명을 따라 주님의 길을 묵묵히 걸어가는 것만으로도 충분하다. 하나님께 인정받는 사람은 다른 사람들에게도 인정받게 될 것이다.

더 깊은 묵상

1. 왜 예수님은 사역에 인기를 이용하지 않으셨는가?

2. 사울과 다윗의 삶을 통해 무엇을 깨달았는가?

오늘의 기도

고마우신 하나님 아버지, 사람들에게 인기가 없어도, 그들이 알아주지 않더라도 주님만을 바라보며 묵묵히 주님의 길을 따라가는 신실한 제자 되게 하소서. 예수님의 이름으로 기도합니다. 아멘.

16 니고데모의 태도

말씀 | 요한복음 3:1-2

그런데 바리새인 중에 니고데모라 하는 사람이 있으니 유대인의 지도자라 그가 밤에 예수께 와서 이르되 랍비여 우리가 당신은 하나님께로부터 오신 선생인 줄 아나이다 하나님이 함께하시지 아니하시면 당신이 행하시는 이 표적을 아무도 할 수 없음이니이다

어느 날 밤, 니고데모라는 사람이 예수님을 찾아갔다. 그는 유대인의 지도자로, 산헤드린 공회 의원이자 율법을 가르치는 존경받는 선생이었다.

예수님을 따르는 제자들은 두 부류로 나눌 수 있다. 한 부류는 열두 사도처럼 어느 한 지역에 정착하지 않고 예수님을 따르는 제자들이다. 마치 지금의 선교사님들과 같은 것이다. 다른 부류는 생업이 있고 한 지역에 살면서 예수님을 따르는 제자들이다. 직장을 다니거나 사업을 하면서 지역 교회를 섬기고 예수님을 믿는 대부분의 성도의 모습이다. 지역에 기반을 둔 정착 제자로는 아리마대 요셉, 나사로와 같은 사람들이 있다. 니고데모도 정착 제자 중 한 사람이다.

후일에 니고데모는 산헤드린 공회에서 예수님을 옹호했다. 또 예수님이 십자가에서 죽으신 이후에는 아리마대 요셉과 함께 예수님을 장사 지내는 일을 감당했다. 당시 상황으로 보면 엄청난 용기가 필요하고 사회적인 비난을 감수해야만 하는 일이었다. 그러나 예수님의 제자이기에 그가 이렇게 할 수 있었던 것이다.

니고데모는 예수님을 만나기 전부터 예수님이 하신 말씀과 그분이 행하신 일들을 살펴보았다. 그리고 구약성경 말씀에 비추어 자신이 할 수 있는 모든 합리적인 방법을 동원해 예수님에 관해 연구했다. 그 결과 예수님은

하나님에게서 오신 분이 분명하다는 결론에 이르렀다.

우리는 성경을 묵상할 때 이런 태도를 지녀야 한다. 성경 말씀을 깊이 살펴보고 연구하며 결론에 도달해야 한다. 요한이 이 복음서를 쓴 이유 또한 그러하다. '예수님이 행하신 일들과 그분의 말씀을 기록할 테니, 스스로 읽고 묵상하면서 그분이 정말 하나님의 아들이신지, 나의 구원자이신지 알고 그분을 영접하라. 그리고 구원을 받아 예수 그리스도의 제자로서 살아가라.' 이런 의도로 이 복음서를 기록한 것이다.

성경 본문을 스스로 연구하고 생각하고 묵상하면서 예수님을 알아 가는 것을 귀납적 성경 연구 방법이라고 한다. 하나님이 내게 주신 말씀이 있다면 그 말씀을 마음속 깊이 묵상하면서 내 삶과 연결되도록 적용해 보는 것이 중요하다.

더 깊은 묵상

1. 니고데모는 어떻게 예수님을 알아 갔는가?

2. 귀납적 성경 연구 방법으로 말씀을 공부하면 어떤 유익이 있겠는가?

오늘의 기도

고마우신 하나님 아버지, 말씀을 연구하고 묵상하면서 날마다 예수님이 어떤 분이신지 더 깊이 배우게 하소서. 그리하여 견고한 진리 위에 서게 하소서. 예수님의 이름으로 기도합니다. 아멘.

17 거듭남

말씀 | 요한복음 3:3-5

예수께서 대답하여 이르시되 진실로 진실로 네게 이르노니 사람이 거듭나지 아니하면 하나님의 나라를 볼 수 없느니라 니고데모가 이르되 사람이 늙으면 어떻게 날 수 있사옵나이까 두 번째 모태에 들어갔다가 날 수 있사옵나이까 예수께서 대답하시되 진실로 진실로 네게 이르노니 사람이 물과 성령으로 나지 아니하면 하나님의 나라에 들어갈 수 없느니라

  율법을 누구보다 잘 알고 해석하던 니고데모는 구원의 진리, 즉 하나님 나라에 들어가게 되는 방법에 대해 예수님과 말씀을 나누게 되었다. 예수님은 천국에 가려면 다시 태어나야 한다고 말씀하셨다. 하나님 나라에 갈 수 있는 확실하고 구체적인 방법을 설명해 주신 것이다. 그런데 율법에 능통했던 니고데모도 이 말씀을 이해하지 못했다.

  니고데모는 사람이 다시 태어나는 것이 가능한 일인지 물었다. 그러자 예수님은 하나님 나라에 들어가기 위해 다시 태어나는 것이 무슨 뜻인지 정확하게 설명해 주셨다. 예수님이 말씀하신 거듭남은 육체적인 거듭남이 아니라 성령으로 다시 태어나는 것, 하나님의 전능하신 주권으로 새롭게 태어나는 것을 말한다. 죄로 인한 타락으로 하나님의 모습을 상실한 사람이 예수 그리스도를 믿음으로 그 보혈의 공로로 죄를 용서받고, 주님이 그를 새롭게 만드셨다는 사실을 받아들임으로써 다시 태어나는 것을 뜻한다.

  거듭남은 전적으로 하나님의 주권 아래 있다. 구원 또한 전적으로 하나님의 주권 아래 있으며 오직 하나님의 사랑과 은혜로 이루어진다. 구원받을 만한 자격이나 조건이 되어서 구원받는 것이 아니다. 하나님은 하나님의 어린양 예수 그리스도께서 세상 죄를 지고 그 죗값을 십자가에서 다 치르셨다는 것을 믿는 믿음을 구원의 근거로 삼아 주셨다.

이스라엘 백성이 애굽을 탈출한 직후 광야 생활의 고충을 호소하며 불만을 토로하다 하나님이 보내신 불뱀에게 물린 사건이 있다. 모세가 그들을 위해 놋뱀을 만들어 장대에 매달았는데, 이것을 보는 자는 모두 나음을 입었다(민 21:4-9). 예수님도 이처럼 대속의 제물로 십자가에 달리셨다. 이 구원 사역을 위해 오신 예수님을 영접하고 믿으면 영생을 얻게 된다.

예수님은 하나님 나라에 들어가는 확실한 방법을 알려 주셨다. 예수님을 믿는다는 것은 곧 성령님의 인도하심을 받아 산다는 것이다. "성령으로 아니하고는 누구든지 예수를 주시라 할 수 없느니라"(고전 12:3).

성령 하나님으로 인해 우리는 예수님을 주님으로 믿고 예수님의 말씀을 따라 살게 된다. 우리는 예수님을 믿는 믿음으로 성령님 안에서 다시 태어났으며, 한평생 그 무엇으로도 갚을 수 없는 큰 은혜를 입었다. 하나님의 이 은혜에 늘 감사하며 믿음의 사람으로 살아가야 한다.

더 깊은 묵상

1. 예수님이 말씀하신 거듭남은 무엇을 뜻하는가?

2. 성령님은 우리의 구원에 어떻게 역사하시는가?

오늘의 기도

하나님 아버지, 행위가 아닌 오직 믿음을 보시고 구원해 주신 그 은혜에 감사합니다. 한평생 살아가는 동안 날마다 구원의 기쁨이 제 안에서 샘솟게 하소서. 예수님의 이름으로 기도합니다. 아멘.

18 성령으로 난 사람

말씀 | 요한복음 3:8
바람이 임의로 불매 네가 그 소리는 들어도 어디서 와서 어디로 가는지 알지 못하나니 성령으로 난 사람도 다 그러하니라

사람의 근본적인 변화는 성령 하나님이 인격을 만져 주실 때 일어나게 된다. 성령님이 우리 삶에 임재하시고 강력하게 역사하시는 것을 '성령 충만'이라고 한다. 성령님은 우리가 예수님을 믿고 구원에 이르게 하시며 예수님을 닮아 가게 하신다.

예수님은 성령님이 구원을 위해 이루어 주시는 일을 설명해 주셨다. 그것은 마치 바람처럼 일어나기에 눈으로 보거나 손으로 만져서 증명되는 일이 아니다. 바람이 불어오면 바람이 분다는 것은 알지만 어디서 와서 어디로 가는지는 알 수 없다. 성령님의 사역도 이처럼 그 시작과 과정을 설명하기 어렵다. 하지만 결과를 통해 알 수 있다. 바람의 시작과 그 길을 알지 못해도 바람이 남긴 흔적을 통해 그 지나간 길을 알 수 있는 것처럼 말이다.

나뭇가지가 흔들리고 풀이 눕는 모습을 보면서 우리는 바람이 지나가면서 이룬 일을 알게 된다. 이처럼 성령님이 우리 마음에 오셔서 우리를 만나 주시고, 우리가 성령님을 마음에 모시고 살면 반드시 나타나는 일이 있다.

첫째, 우리 입으로 예수님이 나의 구원자, 나의 주인이시라고 고백하며 예수님을 영접하게 해 주신다. 예수님을 믿게 되는 것은 신비다. 논리적으로 이성적으로 이해한다고 되는 것이 아니다. 성령님이 우리 마음을 감동하게 하시고 감화시켜 주실 때 우리는 예수님을 믿게 된다. 간혹 교회에 처

음 나온 사람들이 영문도 모른 채 계속해서 눈물을 흘리는 모습을 보게 된다. 그들 자신도 이해가 안 된다고 말한다. 이것은 성령님이 그 사람들을 감동하게 하신 모습이다.

둘째, 성령의 열매가 나타난다. 모든 유실수에는 열매가 달린다. 포도나무에는 포도가 달리고, 사과나무에는 사과가 달리는 것처럼 성령의 사람은 반드시 성령의 열매를 맺게 된다. 성령의 열매는 성품의 열매다. 우리가 예수님을 믿고, 성령님이 우리 마음을 만져 주시면 우리의 성품은 예수님의 성품처럼 바뀌게 된다. 사랑과 희락과 화평과 오래 참음과 자비와 양선과 충성과 온유와 절제의 열매가 우리의 삶에 맺히기 시작하는 것이다(갈 5:22-23).

성령의 사람은 그 열매로 알게 된다. 우리는 거듭났다. 예수님의 보혈을 믿는 믿음으로, 성령님의 확증으로 새롭게 태어난 것이다. 성령님의 도우심으로 우리는 예수님을 따르는 믿음을 가지게 되었다. 성령님은 이렇게 우리가 하나님의 자녀인 것을 증명해 주신다.

더 깊은 묵상

1. 성령님은 우리가 하나님의 자녀인 것을 어떻게 증명해 주시는가?

2. 성령의 열매란 무엇인가?

오늘의 기도

고마우신 하나님 아버지, 말씀과 기도로 날마다 저를 새롭게 하시고, 성령의 열매를 맺게 하셔서 거듭난 새사람으로 살아가게 하소서. 예수님의 이름으로 기도합니다. 아멘.

19 십자가에 나타난 하나님의 사랑

말씀 | 요한복음 3:16
하나님이 세상을 이처럼 사랑하사 독생자를 주셨으니 이는 그를 믿는 자마다 멸망하지 않고 영생을 얻게 하려 하심이라

    하나님은 우리를 구원하시기 위해 이 땅에 독생자를 보내셨고, 그 독생자는 모세가 놋뱀을 든 것같이 십자가 위에 달려야 한다고 하셨다. 광야에서 이스라엘 백성이 불뱀에 물려 죽게 되었을 때, 하나님은 구원의 방법으로 놋뱀을 만들어 장대에 매달게 하시고, 이것을 보는 자는 살게 된다고 말씀하셨다. 어떤 이들은 하나님의 말씀을 믿고 놋뱀을 보아 살았다. 그러나 논리적으로 맞지 않는다고 생각하며 놋뱀을 보지 않은 이들은 모두 죽고 말았다.

    구원의 방법은 하나님이 정하신다. 치료의 방법도 창조주이신 하나님이 정하신다. 믿음은 하나님이 정하신 구원의 방법을 인정하고 그 방법을 따르는 것이다. 우리 스스로 할 수 없기에 하나님은 믿음으로 구원받을 수 있는 길을 열어 주셨다.

    하나님은 예수님이 십자가에서 대속 제물로 죽게 하심으로 우리 죄를 용서해 주시고, 우리가 영생을 얻도록 구원의 길을 열어 주셨다. 예수님이 나의 죗값을 대신 치르시기 위해 십자가에서 죽으셨다는 사실을 믿고 받아들일 때 죄를 용서받고, 죄로 인한 심판을 받지 않게 되며, 구원에 이르는 하나님의 의를 소유하게 된다.

    예수님이 십자가를 지신 가장 근본적인 이유는 사랑 때문이다. 사랑이

아니고서는 절대 설명할 수 없는 것이 바로 십자가 구원이다. 하나님은 사랑의 하나님이시자 공의의 하나님이시다. 공의의 하나님은 죄를 심판하신다. 그러면 우리에게 남은 것은 심판과 형벌뿐이다. 그러나 사랑의 하나님은 하나님의 공의를 이루시는 방법으로 사랑을 택하셨다.

공의와 사랑은 늘 충돌한다. 공의만을 강조하면 율법주의가 되어 사람들을 정죄하게 된다. 반면, 사랑만을 지나치게 강조하면 무법천지가 되고 만다. 공의와 사랑이 충돌할 때 하나님은 사랑을 택하셨고, 그 사랑으로 공의를 실현하셨다. 예수님이 십자가를 지신 일은 하나님의 사랑 외에는 설명할 길이 없다. 하나님은 이처럼 우리를 무척 사랑하신다.

더 깊은 묵상

1. 하나님은 우리의 구원을 위해 어떤 방법을 마련하셨는가?

2. 삶에서 사랑과 공의가 충돌할 때 우리는 어떤 자세를 가져야 하는가?

오늘의 기도

하나님 아버지, 공의를 이루시기 위해 사랑을 택하신 주님의 십자가 사랑에 감사할 따름입니다. 저 또한 주님의 사랑을 삶의 현장에서 실천하게 하소서. 예수님의 이름으로 기도합니다. 아멘.

20 생명의 빛이신 예수님

말씀 | 요한복음 3:19-21

그 정죄는 이것이니 곧 빛이 세상에 왔으되 사람들이 자기 행위가 악하므로 빛보다 어둠을 더 사랑한 것이니라 악을 행하는 자마다 빛을 미워하여 빛으로 오지 아니하나니 이는 그 행위가 드러날까 함이요 진리를 따르는 자는 빛으로 오나니 이는 그 행위가 하나님 안에서 행한 것임을 나타내려 함이라 하시니라

　　예수님은 영생을 주시기 위해 이 땅에 오셨다. 예수님은 이 땅에 빛으로 오셨다. 그러나 악을 행하는 자들은 빛이신 예수님께로 나아오지 않는다. 빛보다 어둠을 더 사랑하고, 빛으로 나아오면 자기 행위가 드러날까 두렵기 때문이다. 그들이 빛이신 예수님께로 나아오지 않는 것은 이미 그들이 심판받게 될 것이 정해졌음을 알려 준다.

　　예수님을 믿는다는 것은 빛으로 나아온다는 뜻이기도 하다. 빛으로 나아오면 우리도 우리 죄가 빛 앞에 드러나는 것을 경험하게 된다. 여기에는 회개의 고통이 따른다. 나의 큰 죄를 깨닫고, 나는 죄로 인해 멸망할 수밖에 없는 존재임을 알게 되는 것이다. 그러나 이것이 전부가 아니다. 회개의 과정에서 마음의 아픔을 겪기도 하지만, 주님 앞에 죄를 자복하고 용서를 구하는 순간 빛이신 예수님의 용서와 회복의 은혜 안에 거하게 된다.

　　빛이신 예수님께로 나아가면 예수님이 우리 죄를 드러내시고 우리를 수치스럽게 하실까? 절대 그렇지 않다. 예수님은 빛으로 나아오는 자들의 죄를 십자가 보혈로 다 씻어 주신다. 그 어떤 죄도 십자가 보혈로 다 깨끗하게 하시고, 더는 어둠에 거하지 않고 빛 가운데 살게 해 주신다.

　　예수님께로 나아가면 주님은 사랑과 은혜의 큰 보자기로 우리를 푹 감싸 안아 주신다. 우리는 이 땅에서 여전히 허물 많은 죄인으로 살지만, 주님

은 우리의 죗값을 십자가에서 다 치르시고 우리를 더는 그 죄로 인해 벌 받을 필요가 없는 의인으로 인정해 주신다. 그리고 주님 안에서 빛 가운데 살아가게 하신다.

예수님 안에서 빛 가운데 거하는 우리는 예수님과 동행하는 삶을 살게 된다. 예수님과 동행하는 삶에는 반드시 빛의 열매가 나타나게 된다. 빛과 동행하는 우리에게 나타나는 결과는 착함과 의로움과 진실함이다. "빛의 열매는 모든 착함과 의로움과 진실함에 있느니라"(엡 5:9).

예수님을 영접하고 빛 가운데 살아가지만, 우리 삶은 여전히 완벽하지 않다. 여전히 넘어지고 실패한다. 하지만 우리는 빛의 열매를 맺는 삶을 추구하게 된다. 착하고 의롭고 진실하게 살아서 구원받는 것이 아니라, 구원받았기 때문에 이러한 빛의 열매가 나타나게 된다.

더 깊은 묵상

1. 세상 사람들이 빛 가운데로 나아오지 않는 이유는 무엇인가?

2. 나의 삶에서 빛의 열매는 어떤 모습으로 나타나고 있는가?

오늘의 기도

고마우신 하나님 아버지, 빛의 자녀답게 의를 추구하며 착하게 그리고 진실하게 살게 하소서. 행하는 모든 일마다 은혜를 베푸소서. 예수님의 이름으로 기도합니다. 아멘.

21 세례 요한의 기쁨

말씀 | 요한복음 3:29

신부를 취하는 자는 신랑이나 서서 신랑의 음성을 듣는 친구가 크게 기뻐하나니 나는 이러한 기쁨으로 충만하였노라

예수님은 세례 요한에 대해 이르시길, 여자가 낳은 자 중에 가장 큰 자라고 칭찬하셨다(마 11:11). 예수님이 이렇게 세례 요한을 칭찬하신 데는 여러 이유가 있을 것이다. 우리는 세례 요한의 태도를 통해 이 말씀의 의미를 잘 알 수 있다.

세례 요한이 그의 사역에서 전성기를 보내고 있을 때 예수님이 역사에 등장하셨다. 세례 요한은 자신의 위치, 즉 주님의 길을 예비하는 자로서의 역할을 망각하지 않고 예수님의 길을 예비했다.

세례 요한은 예수님과 일정 기간 같은 시기에 사역하게 되었다. 그런데 사람들이 점점 예수님께로 몰려갔고, 세례 요한의 인기는 예전 같지 않았다. 세례 요한의 제자들은 이런 상황을 요한에게 말했다. 그러자 세례 요한은 결혼식 때 신랑의 친구가 느끼는 기쁨을 가지고 있으며, 그 기쁨이 가득하다고 말했다. 예수님의 사역이 더 잘되는 것을 보면서 자신은 결혼식의 신랑이 아니라 신랑의 결혼을 축하하고 함께 기뻐하는 친구라고 생각한 것이다.

우리는 누구나 주인공이 되고 싶어 한다. 주목받길 원하고 영광을 받는 자리에서 내려오고 싶어 하지 않는다. 다른 사람이 내 영광을 빼앗는다면 견딜 수가 없다. 그러나 세례 요한은 자신의 역할을 정확하게 알고 그 자리

를 이탈하지 않았다. 이것이 바로 겸손이다. 자신은 신랑이 될 수 없고, 신랑이 되어서도 안 되며, 자신이 누릴 수 있는 기쁨은 그저 신랑의 친구로서의 기쁨인 것을 알았다. 세례 요한은 친구의 기쁨이 무엇인지 알았고, 그 기쁨을 누렸다. 이것이 바로 세례 요한이 위대한 이유다.

우리는 항상 주목받거나 인정받는 최고의 자리에 있을 수 없다. 때로는 들러리 중 한 사람의 역할로 만족해야 할 수도 있다. 만약 그런 상황에 놓일지라도, 다른 사람이 잘되는 것을 기뻐하고 축하해 줄 수 있는 마음의 그릇을 만들어야 한다. 그래야 행복하게 살 수 있다.

내 그릇이 준비되면 하나님이 더 큰 것으로 채워 주실 것이다. 설령 그렇지 않더라도 절대 다른 사람의 행복과 성공을 시기하지 말아야 한다. 시기는 우리 자신을 병들게 하기 때문이다. 그러나 세례 요한처럼 자신을 알고 겸손하게 행하면 하나님의 은혜를 누리게 된다.

더 깊은 묵상

1. 세례 요한의 겸손은 어떤 모습으로 나타났는가?

2. 세례 요한의 태도를 통해 무엇을 깨달았는가?

오늘의 기도

고마우신 하나님 아버지, 나보다 남을 귀하게 여기는 마음으로 살게 하소서. 신랑의 친구가 갖는 기쁨을 늘 묵상하고 그것을 실천하며 살아가는 믿음의 사람이 되게 하소서. 예수님의 이름으로 기도합니다. 아멘.

22 하나님의 영광만을 구하는 삶

말씀 | 요한복음 3:30
그는 흥하여야 하겠고 나는 쇠하여야 하리라 하니라

예수님을 믿으면 우리 삶의 우선순위가 바뀌게 된다. 예전에는 나 중심의 삶을 살았다면, 이제는 예수님 중심의 삶을 살게 되는 것이다. 예전에는 나의 유익이 가장 중요했다면, 이제는 하나님의 영광을 나타내는 일이 가장 중요하고 우선되는 것이다. 이것이 진정한 그리스도인의 삶이다.

죠이선교회(JOY Mission)에서 'JOY'는 'Jesus first, Others second, You third'를 뜻한다. 예수님을 첫째로, 이웃을 둘째로, 나 자신을 마지막에 둘 때 참 기쁨이 있다는 것이다. 이 말은 그리스도인의 삶의 우선순위가 어떠해야 하는지 명확하게 보여 준다.

세례 요한은 자기 삶이 하나님의 영광과 예수님의 영광을 위해 드려지는 삶이라는 것을 알았다. 자신은 쇠하여야 하고, 예수님은 흥하여야 한다는 것을 분명하게 안 것이다. 간혹 어떤 성도들은 자신을 위해 하나님이 존재하신다고 이해한다. 자신의 소원을 들어주고, 자신의 부족한 부분을 해결해 주기 위해 존재해야 하는 분으로 이해하는 것이다. 이는 잘못된 생각이다. 그리스도인은 하나님께 영광을 돌리기 위해 존재한다.

세례 요한처럼 주님의 흥함을 원하고, 자신의 쇠함을 추구하며 살면 우리 인생은 불행해지는 것일까? 절대 그렇지 않다. 우리 주님이 그분을 위해 사는 자들을 절대 그냥 두지 않으실 것이다.

"겸손과 여호와를 경외함의 보상은 재물과 영광과 생명이니라"(잠 22:4). 하나님은 하나님을 경외하고 사랑하는 자에게 우리가 상상하는 그 이상의 복을 주신다. 영생의 복과 함께 이 땅에서의 복도 베푸시는 분임을 기억해야 한다. 나를 위해 모든 사랑을 주신 이 땅의 부모님보다 더 크고 놀라운 사랑으로 우리를 대하시는 분이 바로 예수님이시다.

"그는 흥하여야 하겠고 나는 쇠하여야 하리라"라는 세례 요한의 고백은 그의 사명과 그의 인생 전체를 대변한다. 우리는 주님을 위해 손해 보는 것을 두려워하지 말아야 한다. 주님의 영광을 위해 나 자신이 쇠하여진다면 우리는 기뻐하고 즐거워해야 한다. 쓰임 받는 것이 축복이며, 하늘에서 받을 상이 크기 때문이다(마 5:12).

더 깊은 묵상

1. 그리스도인의 삶의 우선순위는 어떠해야 하는가?

2. 하나님께 영광을 돌리는 삶을 살기 위해 어떤 일을 실천할 수 있겠는가?

오늘의 기도

고마우신 하나님 아버지, 주님을 위해 손해 보는 순간을 기뻐할 수 있는 믿음을 갖게 하시고, 오직 주님의 영광을 위해 살아가게 하소서. 예수님의 이름으로 기도합니다. 아멘.

23 세례 요한이 증언한 예수님

말씀 | 요한복음 3:34
하나님이 보내신 이는 하나님의 말씀을 하나니 이는 하나님이 성령을 한량없이 주심이니라

    사도 요한은 세례 요한이 예수님을 증언한 부분에 대해 많은 설명을 한다. 그가 이렇게 하는 이유는 예수님이 이 땅에 오셔서 사역을 시작하셨을 때 백성이 가장 신뢰하고 따르는 사람이 바로 세례 요한이었기 때문이다. 세례 요한의 증언은 당시 가장 신뢰할 수 있는 사람의 증언이었던 것이다.
    예수님이 하나님의 아들이신 것은 첫째, 하나님이 증명해 주신다. 하나님은 자신만이 행하실 수 있는 일을 예수님도 행하게 하심으로 예수님을 구원자로 증명해 주셨다. 죽은 자를 살리시고, 불치병을 치유하시며, 풍랑을 잠잠하게 하시는 하나님만의 능력을 예수님도 행하게 하신 것이다.
    둘째, 성경에 예언된 말씀이 예수님을 통해 성취됨으로 예수님이 구원자이신 것을 알게 해 준다.
    셋째, 바로 세례 요한의 증언을 통해 예수님이 하나님의 아들이신 것을 알 수 있다. 예수님이 활동하셨던 당시, 사람들이 예수님을 알아 가는 데 있어서 세례 요한의 증언은 매우 중요했다. 세례 요한이 증언한 내용을 통해 우리는 예수님을 더 잘 알 수 있게 된다.
    예수님은 위로부터 오신 분이다. 예수님은 만물 위에 계신 분이다. 예수님은 하늘의 것을 말씀하신다. 예수님은 하나님이 보내신 분이다. 예수님은 하나님의 말씀을 하신다. 하나님은 예수님께 성령을 한없이 부어 주셨

다. 하나님은 아들을 사랑하셔서 만물을 다 그의 손에 주셨다. 아들을 믿는 자에게는 영생이 있다. 아들을 믿지 않는 자에게는 하나님의 진노가 그 위에 머물러 있다(31-36절 참조).

세례 요한의 증언을 요약하자면, 예수님은 하나님에게서 오셨기 때문에 하나님에 대해서만 증거하시며, 예수님을 믿는 자는 영생을 얻고 하나님이 참된 분이심을 인정하는 것이다. 세례 요한은 예수님이 세상 죄를 지고 가는 하나님의 어린양이심을 성령님이 그 위에 머무시는 것을 보고 알았다. 우리가 예수님을 나의 구원자로 영접하고 섬길 수 있는 것도 성령님이 우리 마음에 감동을 주시고 인도해 주시기 때문이다.

더 깊은 묵상

1. 예수님에 관한 세례 요한의 증언에서 예수님을 더 깊이 알게 된 부분이 있는가?

2. 예수님을 더 깊이 알고 더 깊이 믿기 위해 우리는 성령 충만을 받아야 한다. 성령님의 도우심을 구하는 기도의 시간을 가져 보라.

오늘의 기도

고마우신 하나님 아버지, 세례 요한이 백성에게 예수님을 증거했듯이, 저 또한 저를 신뢰하고 따르는 가까운 이들에게 복음을 전하는 전도자가 되게 하소서. 예수님의 이름으로 기도합니다. 아멘.

24 우물가에서 만난 여인

말씀 | 요한복음 4:9

사마리아 여자가 이르되 당신은 유대인으로서 어찌하여 사마리아 여자인 나에게 물을 달라 하나이까 하니 이는 유대인이 사마리아인과 상종하지 아니함이러라

    사마리아를 지나시던 예수님이 그곳 우물가에 앉으셨다가 물을 길으러 온 한 여인을 만나셨다. 사마리아인은 북쪽 이스라엘 지파의 후예로 앗수르에 멸망한 후 혼혈 정책으로 인해 민족의 정체성을 잃어버린 자들이었다. 따라서 유대인은 사마리아인을 이방인과 동일하게 취급하여 멸시했다.

    예수님은 우물가에서 만난 이 여인에게 물을 좀 달라고 말씀하셨다. 이것은 당시 역사적 배경으로 볼 때 가히 파격적인 행동이었다. 유대인이 사마리아인에게 먼저 말을 걸었기 때문이다. 또 그 대상이 사회적으로 신분이 더 낮았던 여인, 그것도 사연 많은 여인이었기 때문이다.

    이 여인은 공동체에서 인정받지 못하는 사람이었다. 그곳 사람들은 한낮에는 기온이 높아 주로 서늘한 저녁에 물을 길으러 오는데, 이 여인은 사람들의 눈을 피하느라 낮에 오고 있었다. 예수님이 말을 건네시자 여인은 너무나도 당황스러웠다. 어떻게 유대인이 사마리아인인 자기에게 말을 거는지 도무지 이해할 수 없었기 때문이다.

    여기에 중요한 원리가 있다. 복음의 시작은 만남에서 이루어진다. 예수님과의 만남 그 자체가 복음이다. 누구나 예수님을 만나기만 하면 인생이 변화된다. 이 여인은 예수님과 만나면서 영원한 생명을 소유하게 되었다. 이 땅에서도 새로운 삶을 살게 되었다.

예수님은 여인을 존중하시면서 동등한 위치에서 말을 건네셨다. 이 여인을 찾아오신 하나님의 아들께서 우리에게도 찾아오셨다. 이것이 복음이다. 우리도 이렇게 다른 사람들을 존중하면서 살아가면 좋겠다. 예수님처럼 차별 없이 모든 사람과 함께하는 순간 사마리아 여인에게 일어난 일처럼 구원의 역사가 시작될 것이다.

복음의 만남이 이루어지려면 우리는 다른 사람들을 더욱더 배려하고 더욱더 잘 섬겨야 한다. 또 더 낮아지는 훈련을 해야 한다. 사마리아 여인을 존중하며 그녀를 만나 주신 예수님, 그녀의 인생을 변화시키시고 구원을 베푸신 예수님의 모습을 통해 그분의 깊은 사랑을 배워야 한다.

더 깊은 묵상

1. 예수님이 사마리아 여인에게 말을 거신 일이 이 여인에게는 어떤 의미였을까?

2. 내가 복음을 전하기 위해 만나야 할 사람이 있다면 누구인가?

오늘의 기도

하나님 아버지, 아무도 귀히 여기지 않는 버림받은 한 여인을 만나 주시고, 저 또한 만나 주신 예수님께 감사합니다. 만남을 더욱더 소중히 여기게 하시고, 만나는 모든 사람을 배려하고 섬기며 예수님을 나타내게 하소서. 예수님의 이름으로 기도합니다. 아멘.

25 예수님이 누구신지 안다면

말씀 | 요한복음 4:10
네가 만일 하나님의 선물과 또 네게 물 좀 달라 하는 이가 누구인 줄 알았더라면 네가 그에게 구하였을 것이요 그가 생수를 네게 주었으리라

    예수님이 우물가에서 만난 여인은 육신의 목마름을 해결하기 위해 물을 길으러 온 것이다. 그런데 그녀가 만일 하나님이 우리에게 가장 주고 싶어 하시는 좋은 선물이 무엇인지 알았다면, 또 예수님이 하나님의 아들로 이 땅에 오신 분임을 알았다면 구하는 것의 차원이 달랐을 것이다.

    이 여인은 예수님을 만나면서 예수님을 점점 더 깊이 알아 가게 되었다. 처음에는 자신에게도 말을 걸어 주시는 친절한 유대인 선생님이었다. 이 정도만 해도 이 여인에게는 대단한 호의를 베푸시는 분이었을 것이다. 그러나 예수님은 그 이상이신 분이었다.

    여인은 남편의 문제를 통해 예수님이 인생의 근본 문제를 아시는 분임을 깨닫게 되었고, 예수님을 놀라운 능력이 있으신 선지자로 여기게 되었다. 그리고 예수님이 자신의 삶을 구원해 주실 분이며, 자신의 하나님이심을 깨닫게 되었다. 이처럼 예수님이 나의 하나님이신 것을 알게 되면, 예수님이 영원히 목마르지 않는 영생의 샘물을 주시는 분임을 알게 되고 그 영생의 선물을 구하게 된다.

    인생의 문제를 푸는 가장 큰 열쇠는 내가 믿는 예수님이 누구신지 정확하게 아는 것이다. 예수님을 알아 가는 것이 바로 믿음 생활의 본질이다. 예수님을 깊이 알아 갈수록 우리가 무엇을 구해야 하는지 더 명확하게 알

게 되고, 그것을 주님께 받게 된다.

"너희가 내 안에 거하고 내 말이 너희 안에 거하면 무엇이든지 원하는 대로 구하라 그리하면 이루리라"(요 15:7). "구하라 그리하면 너희에게 주실 것이요 찾으라 그리하면 찾아낼 것이요 문을 두드리라 그리하면 너희에게 열릴 것이니 구하는 이마다 받을 것이요 찾는 이는 찾아낼 것이요 두드리는 이에게는 열릴 것이니라"(마 7:7-8).

예수님은 우리에게 늘 좋은 것을 주고자 준비하시고 기다리시는 분이다. 이 사실을 알면 우리가 구하는 것의 내용이 달라진다. 인생의 모든 문제는 하나님과의 관계 속에서 생각해야 한다. 그러므로 구하기 전에 예수님을 깊이 아는 것이 먼저이며 더 중요하다.

더 깊은 묵상

1. 예수님을 아는 것과 기도 응답에는 어떤 연관이 있는가?

2. 내가 예수님께 구해야 할 가장 좋은 것은 무엇인가?

오늘의 기도

고마우신 하나님 아버지, 하나님의 크심과 높으심과 풍성하심과 사랑 많으시고 인자하심을 날마다 더 깊이 알아 가게 하소서. 예수님의 이름으로 기도합니다. 아멘.

복음 플러스

말씀을 사랑하는 사람들

　종교개혁의 위대성은 여러 가지 일로 검증된다. 믿음으로 의롭다 칭함을 받고 구원받는다는 '이신칭의'(以信稱義)의 발견, 성직자뿐만 아니라 모든 그리스도인이 하나님의 제사장이 된다는 '만인제사장' 의식은 교회 전체의 의식을 바꾸는 핵폭탄과도 같은 것이었다. 그리고 이러한 맥락에서 종교개혁자들은 성직자 중심으로 읽히고 해석되던 하나님의 말씀을 일반인들에게 확대 보급했다. 하나님의 말씀과 구원의 문제가 특권 계층의 전유물이 아니라 하나님을 믿는 모든 사람에게 주어진 것이라는 성경의 진리를 발견한 것이다.

　하나님의 말씀을 모든 사람이 읽도록 보급한 일은 참으로 위대한 일이다. 종교개혁에는 여러 가지 의의가 있지만, 그중 가장 중요한 것은 성경을 모든 성도가 읽도록 보급한 데 있다. 더는 성경 말씀이 사제들에게 독점되지 않고 성도들도 읽을 수 있도록 한 것이다.

중세에 성경은 라틴어로 기록되어 사제들만 읽을 수 있었다. 그런데 이 성경을 영어로 번역하여 모든 성도가 읽을 수 있도록 개혁한 사람이 있었는데, 바로 존 위클리프다. 성경을 영어로 번역한 결과 하나님의 말씀이 모든 사람에게 보급되는 놀라운 일이 일어났다. '종교개혁의 새벽별'로 불린 위클리프는 교회의 부패를 지적하고, 성도들이 말씀을 읽어 하나님께로 나아가게 했다.

위클리프를 따라 말씀을 사랑하는 사람들이 나타났는데, 이들을 '롤라드'라고 부른다. '중얼거리는 자'라는 뜻이다. 롤라드는 학식 있는 자들, 교육을 받지 못한 농민들, 교황과 로마 가톨릭교회의 권위를 부정하는 자들로 구성되어 있었다. 이들은 위클리프를 따르며 성경의 가르침대로 살고자 했고, 교회의 부패를 고발하여 종교개혁에 중요한 영향을 미쳤다. 그러자 대대적인 핍박이 있어 이들의 신앙운동은 지하운동으로 확산했다.

롤라드가 성경을 영어로 번역하여 많은 사람이 읽을 수 있도록 하자, 성경이 평민들에게 보급되는 것을 가로막는 일이 생겼다. 그리고 성경을 읽는 사람들을 감옥에 보내거나 핍박하는 일이 많아졌다. 그때 롤라드는 성경 말씀을 빼앗기지 않기 위해 성경을 외우기 시작했다. 각 복음서를 나누어서 외웠고, 그 외운 말씀을 기록하거나 다른 사람들이 다시 외우도록 하여 하나님의 말씀이 계속 전해지게 했다. 이들의 이야기는 「더 북, 성경이 된 사람들」이라는 뮤지컬로 만들어져 한국교회 성도들에게 소개된 적도 있

다. 이들이 성경 말씀을 모두 외워서 말씀이 계속 전해지게 한 모습은 모든 성도에게 큰 감동을 주었다.

성경은 이렇게 어려운 과정 가운데 일반 성도들에게 전달되었다. 그런데 지금은 오히려 성경 말씀을 가까이하지 않는 성도들이 많아지는 기이한 현상이 일어나고 있다. 오늘날 성도들은 성경을 스스로 읽지 않으려고 한다.

매일 하나님의 말씀을 묵상하고 기도하는 것을 '큐티'(QT, Quiet Time)라고 한다. 말씀을 스스로 읽고 묵상하는 큐티는 기독교 역사에 있어서 종교개혁과 버금가는 개인적 차원의 종교개혁이라고 할 수 있다. 말씀을 성도들이 스스로 보게 된다는 것은 참으로 위대한 개혁이다. 그런데 종교개혁자들이 성도들 손에 쥐여 준 성경을 이제는 성도들이 다시금 목회자들에게 되돌려 주고 있다. 성경 말씀을 스스로 읽고 배울 기회가 늘 열려 있지만, 눈과 귀를 닫고 더는 말씀을 읽으려고 하지 않는 것이다.

일주일에 한 번 교회에서 듣는 목사님의 설교와 가끔 읽는 신앙 서적에 신앙 전부를 의지해 온 성도가 하나님의 말씀을 매일 읽고 그 말씀대로 살려고 노력하는 시도는 그 자체로 엄청난 개혁이다. 이 개혁은 어느 특정인이 아니라 모든 그리스도인에게 해당한다. 날마다 하나님의 세미한 음성

에 귀 기울이며 말씀 앞에 서는 경건 훈련은 그리스도인의 삶에서 날마다 계속되어야 할 개혁이다.

　큐티는 말씀과 기도로 날마다 하나님과 영적으로 교제하는 것이다. 스스로 하나님의 말씀을 보면서 하나님과 깊이 교제하는 것이다. 이 경건 훈련이 하나님의 말씀을 더 깊이 알게 하고 더 깊이 믿게 한다. 또한 하나님을 사랑하며 하나님의 사람으로 견고하게 서도록 돕는다. 우리는 하나님의 말씀을 사랑해야 한다.

비련의 여인, 은혜의 여인

말씀 | 요한복음 4:16-18
이르시되 가서 네 남편을 불러오라 여자가 대답하여 이르되 나는 남편이 없나이다 예수께서 이르시되 네가 남편이 없다 하는 말이 옳도다 너에게 남편 다섯이 있었고 지금 있는 자도 네 남편이 아니니 네 말이 참되도다

예수님이 만난 사마리아 여인은 다섯 번이나 결혼에 실패하고 지금은 또 다른 남자와 같이 살고 있었다. 그녀는 왜 이렇게 기구한 삶을 살고 있을까? 여인은 내면의 어려움 때문에 잘못된 관계를 반복하고 있었다. 잘못된 것을 바로잡지 않은 상태에서 다시 시작하려 하면 또 다른 잘못을 반복할 뿐이다. 이것을 강박적 순환이라고 한다.

이날 예수님이 여인을 만나 주신 일은 그녀에게 큰 은혜이자 구원의 시작이었다. 고통의 사슬을 끊고 새로운 삶을 살아가는 첫날이 되었다. 예수님은 여인에게 남편을 데려오라고 하셨다. 여인이 남편이 없다고 대답하자 예수님은 그 말이 옳다고 하시면서 그녀가 그토록 숨기고 싶어 했던 그녀의 상황을 말씀하셨다.

이 말씀을 들은 여인은 정신이 번쩍 들었다. 오늘 처음 만난 예수님이 이미 자신의 모든 것을 아시는 분임을 깨닫게 된 것이다. 그러면서 예수님은 자신의 인생에 매우 중요한 분이심을 알게 되었다.

목마름을 해결할 물에 관한 이야기는 인생의 갈증이라는 문제로 넘어갔다. 그녀의 갈증은 무엇이었을까? 그것은 사랑이었을지도 모른다. 행복이었을지도 모른다. 그러나 그런 소망은 신기루처럼 사라지고, 지금은 매일 뜨거운 태양 아래서 물을 뜨며 육신의 갈증만을 채우고 있을 뿐이었다.

만약 이 여인의 삶의 목적이 바뀌고 갈증이 채워져 행복해진다면, 이것이야말로 복음이지 않겠는가? 바로 그 일을 예수님이 해 주셨다. 예수님은 마셔도 마셔도 목마른 물이 아니라 영생하도록 솟아나는 샘물을 이 여인이 갖기를 원하셨다. 그래서 여인에게 근본적인 질문을 던지셨고, 마침내 날마다 솟아나는 샘물 같은 은혜가 그녀에게 임했다.

우리를 지으시고 우리를 아시는 예수님을 만나 그 안에 거하면 모든 것이 치유되고 회복되고 변화된다. 그렇게 근본적인 변화가 일어나 날마다 샘물같이 솟아나는 생명의 힘이 여인에게 임했다.

우리는 잘살아 보려고 애쓴다. 돈도 모으고, 승진도 하고, 행복해지려고 노력한다. 그러나 늘 채워지지 않는 갈증이 있다. 이 갈증은 창조주이신 하나님을 만날 때만 해결된다는 것을 기억해야 한다.

더 깊은 묵상

1. 내 삶에서 계속 반복하는 잘못된 일이 없는지 살펴보라.

2. 내 삶에서 채워지지 않는 갈증이 있다면 그것은 무엇인가?

오늘의 기도

고마우신 하나님 아버지, 날마다 솟아나는 샘물의 능력을 경험하게 하소서. 하나님께 인생의 갈증을 맡기고 하나님 나라와 하나님의 영광을 위해 살게 하소서. 예수님의 이름으로 기도합니다. 아멘.

27 영과 진리로 드리는 예배

말씀 | 요한복음 4:24
하나님은 영이시니 예배하는 자가 영과 진리로 예배할지니라

　이스라엘 백성은 절기마다 예루살렘 성전에서 예배를 드렸다. 그러나 남과 북이 갈라지면서 북쪽 이스라엘은 정권 유지를 위해 백성이 남쪽 예루살렘으로 내려가는 것을 막아야 했다. 그 후 예배 장소가 나뉘게 되었고, 예배를 예루살렘에서 드리는 것이 맞는지, 사마리아에서 드리는 것이 맞는지에 대해 논쟁이 심했다. 사마리아 여인이 이 문제를 두고 예수님께 어디서 예배를 드리는 것이 좋은지 묻자, 예수님은 올바른 예배에 대해 알려 주셨다.
　첫째, 예배는 어디서 드려야 하는지보다 어떤 마음가짐과 어떤 태도로 드려야 하는지가 더 중요하다. 예배는 하나님을 향한 존경과 경외심으로 내 영이 하나님 앞에서 엎드려 절하는 것이다. 예수님은 장소보다 더 중요한 것은 예배를 바르게 드리는 마음가짐과 태도라는 것을 알려 주셨다.
　둘째, 하나님은 예배하고자 하는 우리의 열망보다 더 큰 열망으로 예배자를 찾으신다는 것을 알아야 한다. 우리는 예배를 소중히 여기시고 우리를 기다리시는 하나님을 깊이 묵상해야 한다. 우리가 하나님을 찾기 전에 하나님은 예배드리는 우리를 더 찾고 계신다. 예배를 소중히 여기는 인생이 하나님 앞에서 소중히 여김을 받는다.
　셋째, 예배는 예수님을 통해서만 드릴 수 있다. 예배는 하나님께 나아가는 행위다. 하나님께 나아가려면 하나님을 알아야 하고, 하나님이 정하신

방법을 알아야 한다. 하나님은 영이시니 예배하는 자는 영과 진리로 예배해야 한다. 여기서 영은 성령님을, 진리는 예수님을 말한다. 하나님은 예배를 받으시는 분인 동시에 우리의 예배를 도우시는 분이다. 참된 예배는 예수님을 통해서만 드릴 수 있다. 우리는 죄인이기에 오직 예수 그리스도의 보혈에 의지해서 하나님께 나아갈 수 있다. 예수님의 보혈의 구속하심이 없거나 예수님의 은혜가 없이는 절대 하나님께 나아갈 수 없다.

넷째, 영이신 하나님께 드리는 예배는 성령님의 도우심과 임재하심이 있어야 한다. 성령님의 임재가 있을 때 바른 예배를 드릴 수 있다. 성령 하나님은 우리를 도우시고 인도하시며 참된 예배자로서 서게 하신다. 또한 하나님의 한없는 은혜를 풍성하게 누리게 하신다.

예배 때마다 우리는 마음가짐과 태도를 점검해야 한다. 나를 구원하신 예수 그리스도의 십자가 보혈의 은혜에 의지하며 성령님의 임재를 날마다 갈구해야 한다. 성삼위 하나님께 바른 예배를 드리고자 할 때 하나님은 우리와 함께해 주시고 은혜를 내려 주신다.

더 깊은 묵상

1. 왜 예수님을 통해서만 참된 예배를 드릴 수 있는가?

2. 예배에 임하는 나의 마음가짐과 태도는 어떠한지 돌아보라.

오늘의 기도

하나님 아버지, 저를 예배자로 불러 주시니 참으로 감사합니다. 예수 그리스도의 보혈에 의지한 예배, 성령님의 임재에 푹 잠긴 예배를 드리게 하소서. 예수님의 이름으로 기도합니다. 아멘.

28 예수님 안에서 상처는 사명이 된다

말씀 | 요한복음 4:29
내가 행한 모든 일을 내게 말한 사람을 와서 보라 이는 그리스도가 아니냐 하니

　우물가에서 예수님을 만난 여인은 예수님을 알아 가는 동안 삶이 조금씩 변화되기 시작했다. 이처럼 예수님을 만나고 예수님이 그 인생에 주인이 되어 주시면, 물이 포도주로 변하듯 모든 인생이 변화된다.
　여인은 자기 삶을 더는 부끄러워하지 않았고, 사람들을 피해 다니지도 않았다. 우리 인생의 최종 결정권자이신 하나님께 인정받으면 그것으로 충분했기 때문이다. 여인은 그토록 피해 다녔던 사람들을 직면해 예수님이 자신을 만나 주신 일을 전하며 그분이 그리스도가 아니시겠냐고 말했다. 그녀는 그렇게 자신의 과거에서 벗어나게 되었다. 창조주께서 이 여인의 인생을 재창조해 주신 것이다. 이것이 복음이다. 우리의 과거 상처와 허물들은 이처럼 복음 안에서 치유되고 변화된다.
　수치와 상처와 단절이 전부였던 여인은 치유를 받았다. 치유를 받자마자 인생의 목표를 찾고 자존감이 회복되어, 자신을 만나 주신 예수님을 전하는 일을 가장 먼저 시작했다. 예수님을 만나고 나서 그녀의 상처는 사명으로 변했다. 한평생 숨어 살면서 자신의 목마름을 채워야 했던 여인이 이제는 예수님을 소개하며 예수님을 전하는 사람이 된 것이다.
　치유 받고 자존감이 회복되어 예수님을 통해 사명을 발견한 사람은 행복한 사람이다. 이제 더는 이 땅에서의 자신의 위치와 먹고사는 문제를 전부

로 여기지 않고, 예수님 안에서 새로운 사명으로 살아가게 되기 때문이다.

어떤 이들은 예수님 안에서 급격한 변화를 체험하고, 어떤 이들은 조금씩 변화를 체험한다. 상처가 치유되고 변화되어 사명을 발견하게 되는 과정은 사람마다 다르다. 그러나 분명한 것은 예수님 안에 있는 모든 사람이 이 변화의 과정을 거친다는 사실이다.

어떤 이들은 상처를 상처로 둔 채 살아간다. 그러나 어떤 이들은 상처를 승화시켜 사명으로 바꾸기도 한다. 자신과 똑같은 상처를 겪은 사람들을 돌보는 일에 자신의 경험과 아픔을 사용하는 것이다. 예수님 안에 있으면 힘들고 어려웠던 경험도 아름답게 빚어지고 선한 도구로 쓰임 받게 된다. 이것이 복음의 능력이다.

더 깊은 묵상

1. 예수님을 만난 이 여인은 어떻게 변화되었는가?

2. 변화된 여인이 가장 먼저 한 일은 전도다. 나는 예수님을 어떻게 전하고 있는가?

오늘의 기도

고마우신 하나님 아버지, 크고 작은 상처가 예수님 안에서 치유되게 하시고, 그 상처가 사명이 되어 이전의 수치가 미래의 영광으로 바뀌는 은혜가 있게 하소서. 예수님의 이름으로 기도합니다. 아멘.

29 예수님의 양식

말씀 | 요한복음 4:34
나의 양식은 나를 보내신 이의 뜻을 행하며 그의 일을 온전히 이루는 이것이니라

예수님이 우물가에서 여인과 이야기를 나누시고 나자 식사 때가 되었다. 제자들이 예수님께 식사를 권하자 예수님은 "양식"에 관해 말씀해 주셨다. 제자들은 예수님이 말씀하시는 양식의 참뜻을 알지 못해 누가 예수님께 드실 것을 가져다드린 줄로 이해하기도 했다. 여기서 양식은 하나님의 뜻을 행하며 그분의 일을 온전히 이루는 것을 말한다. 예수님이 이 땅에 오셔서 이루실 사명을 의미하는 것이다. 예수님은 생명을 살리시고 죄로부터 영혼을 구원하여 천국으로 인도하시기 위해 이 땅에 오셨다.

우리는 생존을 위해 살아간다. 우리가 일하는 궁극적인 이유는 잘 먹고 잘 살기 위함이다. 육신을 입고 있는 한 절대 여기에서 자유로울 수 없다. 그래서 예수님은 기도를 가르쳐 주실 때 주기도문에 일용할 양식을 달라는 기도를 넣어 주셨다.

양식을 얻는 것은 육신을 입은 우리가 일하고 꿈꾸는 최종 목표다. 밥을 먹으면 힘이 나고 또 먹기 위해 살듯이, 예수님은 하나님의 일을 하며 하나님의 뜻을 행하는 것이 곧 그분이 이 땅에 오신 목적이며 우리 삶의 이유가 되어야 한다고 가르쳐 주셨다.

예수님은 우리가 이 땅에 살지만 육신의 먹을 것만을 구하며 살지 말라고 하셨다. 먼저 그의 나라와 그의 의를 구하면 하나님이 나머지 먹고사는

문제를 채워 주신다고 분명하게 약속하셨다. "그러므로 염려하여 이르기를 무엇을 먹을까 무엇을 마실까 무엇을 입을까 하지 말라 이는 다 이방인들이 구하는 것이라 너희 하늘 아버지께서 이 모든 것이 너희에게 있어야 할 줄을 아시느니라 그런즉 너희는 먼저 그의 나라와 그의 의를 구하라 그리하면 이 모든 것을 너희에게 더하시리라"(마 6:31-33).

우리는 지금 당장 무엇을 먹을지에 집중하며 살아간다. 이것은 물론 매우 중요한 일이다. 그러나 하나님의 일을 하며 영혼을 구원하고 복음을 전파하는 삶이 우리의 궁극적인 목표이자 양식이 되어야 한다. 이렇게 우선순위를 분명히 하는 그리스도인에게 하나님은 다른 모든 것을 채워 주신다. 믿음으로 사는 사람은 하나님의 은혜를 받게 되는 것이다.

더 깊은 묵상

1. 예수님의 양식은 무엇인가?

2. 예수님이 말씀하시는 양식을 우리 삶에서 구하며 살면 어떤 은혜를 받게 되는가?

오늘의 기도

고마우신 하나님 아버지, 육신의 양식을 위해서만 살지 않고 하나님 나라와 하나님의 영광을 구하며 사는 성도가 되게 하소서. 예수님의 이름으로 기도합니다. 아멘.

30 영적 추수

말씀 | 요한복음 4:35-36

너희는 넉 달이 지나야 추수할 때가 이르겠다 하지 아니하느냐 그러나 나는 너희에게 이르노니 너희 눈을 들어 밭을 보라 희어져 추수하게 되었도다 거두는 자가 이미 삯도 받고 영생에 이르는 열매를 모으나니 이는 뿌리는 자와 거두는 자가 함께 즐거워하게 하려 함이라

예수님이 추수에 관해 말씀하셨다. 계절로는 추수할 때가 넉 달이나 남았지만 지금 눈을 들어 보면 온통 추수할 시기라고 하셨다. 육의 양식을 거두는 추수기는 넉 달이 지나야 오지만 영혼 구원의 추수기는 지금이 바로 적기라고 하신 것이다. 예수님은 영혼을 구원하고 그들을 하나님의 자녀가 되게 하는 것이 영적 추수라고 하셨다.

봄에 심은 곡식은 가을에 거두는 것이 자연의 이치다. 그러나 영적 추수는 언제든지 할 수 있다. 지금 당장 할 수도 있다. 이미 씨를 뿌려 놓은 사람이 많기에 언제든지 할 수 있는 것이다. 우리는 예수님이 십자가에서 이루신 구원을 전함으로써 이 영적 추수에 참여할 수 있다.

우리는 복음을 전하고 영혼을 구원하는 일을 어렵게 생각한다. 사실 이것은 가장 쉬운 일이다. 이미 이 일을 위해 심고 자라게 한 사람이 있으며, 우리에게는 거두는 일만 맡기셨기 때문이다. 거두기 위해 이미 다른 사람들이 심었고, 이미 많이 자라 추수를 기다리는 상태가 된 이들이 많다.

영적 추수는 심은 사람과 거두는 사람이 함께 기뻐하는 추수다. 자연의 추수에서는 심은 사람이 거두는 일에 참여하지 못하면 억울해하고, 거두는 사람만이 기뻐할 것이다. 그러나 영적 추수는 뿌리는 사람과 거두는 사람 모두 추수로 인해 기뻐하게 된다. 우리는 영적 추수를 하면서 계속해서

복음의 씨앗을 뿌리는 삶을 살게 된다. 예수님이 우리의 구원자로 이 땅에 오셔서 우리를 구원하신다는 사실을 전하면서 예수님과 함께 영적 추수의 기쁨을 누리게 된다.

전도는 구원을 예비하신 하나님과 함께하는 사역이다. 예수님은 구원을 위해 십자가에서 모든 일을 이루어 놓으셨다. 우리는 그것을 전하기만 하면 된다. 성령 하나님이 복음을 듣는 사람에게 마음의 감동을 주시고 그가 믿음으로 진리를 받아들이게 해 주신다. 이 모든 구원 계획은 창세 전에 하나님이 예비하신 일이다.

우리가 영적 추수를 하는 것은 믿음의 조상들이 이미 씨를 뿌리고 자라게 하는 수고를 했기 때문에 가능한 것이다. 우리가 지금 누리는 모든 것은 이 시간을 위해 기도하고 헌신한 믿음의 조상들 덕분임을 잊지 말아야 한다. 우리도 우리 다음 세대가 영적으로 추수할 수 있도록 심고 자라게 하는 일을 해야 한다. 우리 부모 세대가 우리를 위해 기도했듯이 다음 세대를 위해 열심히 기도해야 한다.

더 깊은 묵상

1. 자연의 추수와 영적 추수의 차이점은 무엇인가?

2. 한 영혼이 구원받아 추수되는 과정을 살펴보고, 복음 전도에 대한 결단을 다져 보라.

오늘의 기도

하나님 아버지, 영적 추수의 기쁨에 참여하게 하시니 감사합니다. 예비하신 영혼들을 부르는 일에 동참하게 하시고, 다음 세대를 위해 기도의 씨앗을 심고 자라게 하는 일을 계속하게 하소서. 예수님의 이름으로 기도합니다. 아멘.

31. 미래를 바꾸는 믿음

말씀 | 요한복음 4:50
예수께서 이르시되 가라 네 아들이 살아 있다 하시니 그 사람이 예수께서 하신 말씀을 믿고 가더니

　왕의 신하 한 사람이 예수님이 갈릴리로 오셨다는 소식을 듣고 예수님을 찾아왔다. 그는 예수님께 자기 아들의 병을 고쳐 달라고 애원했다. 아들이 거의 죽어 가고 있다고 했다. 그러자 예수님은 그 아들을 만나러 가시지도 않았는데 아들이 살 것이니 돌아가라고 말씀하셨다. 왕의 신하는 예수님의 말씀을 믿고 돌아갔다. 그리고 아들이 살아난 기적을 경험했다.

　왕의 신하의 행동을 통해 우리는 믿음의 중요한 요소를 몇 가지 발견하게 된다. 첫째, 자기 포기다. 왕의 신하라는 표현을 보면, 그는 당시 그 지역 사람들은 이름만 대면 알 수 있는 상당히 높은 직위의 사람이었을 것이다. 그는 자기 삶과 자신의 모든 행동이 드러나는 것을 감수하고 예수님을 찾아왔다. 자신의 체면과 위신을 먼저 생각했다면 기적은 일어나지 않았을 것이다.

　둘째, 예수님에 대한 신뢰와 믿음이다. 나의 삶을 변화시키시고 회복시켜 주실 유일한 분이 바로 예수님이심을 안 것이다. 예수님이 천지를 지으시고 나의 생사를 주관하시는 하나님이심을 바르게 아는 것이 믿음의 시작이다.

　셋째, 예수님의 말씀을 그대로 믿는 것이다. 의심하지 않고 그대로 믿는 것이 중요하다. 우리 마음속에는 늘 두 가지 생각이 공존한다. 미래에 대

한 부정적인 생각과 예수님의 희망적인 말씀을 믿는 믿음의 생각이 함께 존재한다. 무엇을 붙잡고 살지는 본인이 결정해야 한다. 믿음은 내가 어찌할 수 없는 미래 상황에서 희망을 주신 예수님의 말씀을 붙잡는 것이다. 왕의 신하의 믿음이 바로 그 아들의 생명을 살렸다.

우리는 살아가면서 늘 미래에 대한 염려와 불안, 부정적인 생각과 싸워야 한다. 그럴 때마다 우리는 예수님이 우리에게 어떤 약속을 해 주셨는지 성경 말씀을 기억하며 믿음 안에 견고히 서야 한다. 나는 성도들에게 큐티 내용을 보낼 때 항상 마지막에 '예수님만 생각하세요. 모든 일이 예수님 안에서 다 잘될 것입니다.'라고 적어 보낸다. 부정적인 생각을 이기는 것은 바로 예수님을 생각하는 것이다. 믿음 안에 견고히 서는 것이다.

믿음의 생각은 불안하고 부정적인 생각이 들게 하는 미래를 바꿔 준다. 불안한 생각이 엄습할수록 기도에 전념하며 예수님께 더욱 의지해야 한다.

더 깊은 묵상

1. 아들을 살리기 위한 왕의 신하의 태도에서 믿음의 요소를 찾아보라.

2. 염려되고 불안한 미래의 문제가 있다면 하나님께 더욱더 기도하는 시간을 가지라.

오늘의 기도

고마우신 하나님 아버지, 제 삶을 치유하시고 고치시며 미래를 바꿔 주시는 주님을 찬양합니다. 믿음으로 주님의 말씀에 순종하게 하소서. 예수님의 이름으로 기도합니다. 아멘.

32 믿음은 포기하지 않는 것

말씀 | 요한복음 5:6-7
네가 낫고자 하느냐 병자가 대답하되 주여 물이 움직일 때에 나를 못에 넣어 주는 사람이 없어 내가 가는 동안에 다른 사람이 먼저 내려가나이다

예수님이 베데스다('자비[은혜]의 집'이라는 뜻) 연못에 가셨다. 못 주변은 병자들로 가득했다. 천사가 물을 움직일 때 못에 가장 먼저 들어가는 사람은 병이 나았기 때문에 물이 움직이기만을 기다리고 있었던 것이다. 그런데 거기에 38년 동안 병을 앓은 사람이 있었다.

천사가 물을 움직일 때 가장 먼저 못에 들어가려면 몸이 빨라야 한다. 물이 언제 움직일지 모르지만, 설령 그런 일이 일어나더라도 38년 된 이 병자는 가장 먼저 들어갈 가능성이 전혀 없어 보였다. 이토록 병이 오래된 사람이 치료를 바라며 연못가에 있는 모습은 누가 봐도 신기해 보였을 것이다. 전혀 가능성이 없어 보이는 현장에 그래도 남아 있는 이유는 병이 낫기를 바라는 간절한 마음 때문이었을 것이다.

예수님은 이 병자에게 낫고 싶은지 물으셨다. 병자가 낫기를 원하는지 몰라서 물으시는 것이 아니라, 낫고자 하는 그의 간절한 마음을 확인하시려는 것이었다. 병자는 자신의 사정을 예수님께 그대로 말씀드렸다. 그리고 예수님께 치유 받았다.

만약 38년 동안 해결하지 못한 문제가 있다면, 여전히 그것을 예수님께 구할 용기와 믿음이 남아 있을 것 같은가? 우리는 하나님을 믿고 기도한다. 그러나 너무 조급하다. 조금 기도하다가 들어주시지 않으면 금방 포기

해 버리곤 한다. 예수님은 오랜 세월 병을 앓으면서도 베데스다 연못을 떠나지 않고 하나님의 자비를 기다리던 병자를 긍휼히 여겨 주셨다.

빠른 것이 가장 좋은 이 시대에 느린 것은 어리석어 보일 수 있다. 그러나 주님이 우리에게 느린 것을 원하신다면 어떻게 해야 할까? 인내를 원하신다면 어떻게 해야 할까? 믿음은 미래를 바라보며 참고 견디는 것이다. 주님의 형제 야고보는 인내란 우리를 예수님을 닮은 온전한 그리스도인으로 만들어 가는 중요한 수단이라고 했다.

오랫동안 기도해 왔던 기도 제목, 기도하다가 포기했던 기도 제목이 있다면 다시 용기를 내어 기도하는 시간을 가졌으면 좋겠다. 주님의 자비가 오랜 병을 앓은 그 병자에게 임했듯이 기다리는 자에게 임할 것이다.

더 깊은 묵상

1. 38년 동안 병을 앓은 사람의 태도를 통해 어떤 영적 교훈을 얻었는가?

2. 오래전에 기도하다가 멈춘 기도 제목이 있다면 다시 기도하는 시간을 가져 보라.

오늘의 기도

고마우신 하나님 아버지, 마음의 오랜 소원에 응답해 주소서. 주님만이 저의 구원자이시며 치료자이심을 믿습니다. 예수님의 이름으로 기도합니다. 아멘.

33 자리를 들고 걸어가라

말씀 | 요한복음 5:8
예수께서 이르시되 일어나 네 자리를 들고 걸어가라 하시니

    예수님은 38년 동안 병을 앓은 사람에게 "자리를 들고 걸어가라"라고 말씀하셨다. 이 말씀은 8, 11, 12절에 걸쳐 세 번 반복된다. "예수께서 이르시되 일어나 네 자리를 들고 걸어가라 하시니"(8절). "대답하되 나를 낫게 한 그가 자리를 들고 걸어가라 하더라 하니"(11절). "그들이 묻되 너에게 자리를 들고 걸어가라 한 사람이 누구냐 하되"(12절). 사도 요한은 왜 이 말씀을 강조하고 있을까? 그것은 예수님 안에서는 오랜 병자도 자리를 들고 일어나 걸을 수 있기 때문이다.

    38년이면 정말 오랜 시간이다. 이 병자는 병 때문에 그 오랜 시간을 자리에 누워 있었다. 그러나 치료받고 회복되었다면 이제는 그 자리를 거두어야 한다. 일어나 걸을 수 있다면 자리를 들고 걸어가야 한다. 예수님의 말씀의 능력이 이 병자를 치유했다. 말씀이 곧 능력이 되었다. 예수님의 말씀이 그대로 그에게 임했고, 그에게 그 말씀에 순종할 힘이 생겼다. 그리고 병이 치유되었다. 예수님이 바로 이 땅에 오신 하나님이시기에 일어난 일이었다.

    누워 있던 자리를 거두는 것은 쉽지 않은 일이다. 그것이 익숙하고 오래되었다면 더욱더 그러할 것이다. 그러나 다르게 살려면 반드시 일어나야 한다. 나의 연약함을 지탱해 준 그 자리를 접어야 한다. 그리고 스스로 걸

어가야 한다. 나 혼자 그렇게 하려면 참으로 고통스럽고 힘들 것이다. 그러나 주님이 힘을 주시고 능력을 주신다.

우리는 다시 일어날 수 있다. 또 그렇게 되어야 한다. 이것이 복음이다. 일어난 사람은 걸어갈 수 있다. 이것이 복음이다. 우리를 일어서지 못하게 하는 과거의 상처와 아픔, 연약함, 그 모든 것이 예수님 안에서 치유될 것이다. 예수님을 만났기에, 주님을 모시고 살기에 우리는 주님의 말씀의 능력에 힘입어 주님과 함께 날아오르게 될 것이다. 넘어져도 다시 일어서는 오뚜기 같은 믿음을 주시길 주님께 기도하자.

더 깊은 묵상

1. 사도 요한은 왜 "자리를 들고 걸어가라"라는 말씀을 세 번이나 반복해서 강조하는가?

2. 나에게 여전히 거두지 못한 자리가 있지는 않은지 점검해 보라.

오늘의 기도

고마우신 주님, 오랫동안 익숙하게 누워 있던 자리를 들고 일어날 힘을 주소서. 날마다 새롭게 하시고, 넘어져도 모든 일에 하나님의 능력으로 다시 일어서게 하소서. 예수님의 이름으로 기도합니다. 아멘.

34 회복을 위한 섬김

말씀 | 요한복음 5:17
예수께서 그들에게 이르시되 내 아버지께서 이제까지 일하시니 나도 일한다 하시매

　예수님이 38년 동안 병을 앓은 사람을 고치신 날은 안식일이었다. 이것은 당시 종교 지도자들에게 큰 논쟁거리가 되었다. "그 사람이 곧 나아서 자리를 들고 걸어가니라 이날은 안식일이니 유대인들이 병 나은 사람에게 이르되 안식일인데 네가 자리를 들고 가는 것이 옳지 아니하니라"(9-10절).

　안식일은 하나님이 천지를 창조하신 후 쉼을 가지신 날로, 하나님은 백성이 이날을 지켜 노동을 금하고, 하나님께 예배하며 그들이 하나님의 백성임을 아는 시간이 되도록 하셨다. 안식일을 지키던 유대인들은 이날 병 고침을 받은 사람이 자리를 들고 걸어가는 것을 노동으로 여기고 그가 하나님의 법을 위반했다고 생각했다.

　유대인들은 예수님의 병 고치시는 사역을 반대한 것은 아니었다. 병을 고쳐 주되 안식일에는 하지 말라는 것이었다. 그러나 예수님은 안식일에도 병을 고치셨고, 치료받은 사람에게 자리를 들고 가라고 명하셨다. 결국 유대인들의 관점에서 볼 때 예수님은 율법을 어기는 사람으로 여겨졌다.

　예수님은 종교 지도자들을 향해 "내 아버지께서 이제까지 일하시니 나도 일한다"라고 선언하셨다. 안식일은 일을 하느냐, 안 하느냐에 초점을 두는 율법적인 날이 아니라, 생명을 살리고 영혼을 구원하는 날이어야 한다는 뜻이다. 진정한 자유가 없는 사람에게 자유를 주는 것이 안식일의 참된 의미다.

우리는 예수님이 부활하신 날을 기념하여 주일을 성일(거룩하게 구별된 날)로 지킨다. 주일은 예배를 통해 하나님과 깊이 교제하며 우리의 영이 회복되는 날이어야 한다. 또한 다른 이들의 회복을 도우며 그들을 위해 봉사하고 복음을 전하는 날이어야 한다. 이것은 노동이 아니라 섬김이다. 성숙한 그리스도인들은 주일에 자신의 회복을 위한 쉼과 더불어 다른 이들의 회복을 위한 섬김의 일을 한다.

  올바른 믿음 생활은 형식이 아니라 예수님 말씀의 본질을 깊이 이해하고 따르는 것이다. 우리는 율법 아래 있지 않다. 우리는 은혜 아래 있다. 주일은 우리의 회복뿐만 아니라 다른 이들의 회복을 위한 섬김의 날임을 기억해야 한다.

더 깊은 묵상

1. 안식일의 참된 의미는 무엇인가?

2. 주일은 왜 봉사와 섬김의 날이어야 하는가?

오늘의 기도

고마우신 하나님 아버지, 주님 안에서 저를 회복시켜 주시고, 회복이 필요한 사람들을 돕고 섬기는 선한 도구가 되게 하소서. 예수님의 이름으로 기도합니다. 아멘.

35 믿는 자는 영생을 얻었고

말씀 | 요한복음 5:24
내가 진실로 진실로 너희에게 이르노니 내 말을 듣고 또 나 보내신 이를 믿는 자는 영생을 얻었고 심판에 이르지 아니하나니 사망에서 생명으로 옮겼느니라

예수님은 안식일에 병자를 고치셨다. 그리고 여기서 한 걸음 더 나아가 하나님을 "아버지"라고 칭하셨다. "예수께서 그들에게 이르시되 내 아버지께서 이제까지 일하시니 나도 일한다 하시매 유대인들이 이로 말미암아 더욱 예수를 죽이고자 하니 이는 안식일을 범할 뿐만 아니라 하나님을 자기의 친아버지라 하여 자기를 하나님과 동등으로 삼으심이러라"(17-18절).

예수님은 하나님을 "아버지"라고 칭하시면서 자신을 하나님의 "아들"이라고 말씀하셨다. 예수님이 하나님의 아들이신 증거는 하나님이 하시는 일을 예수님도 그대로 하신다는 것이다(19절). 죽은 자를 살리시고, 사람이 고칠 수 없는 병을 고치시며, 바다와 바람을 잔잔하게 하시고, 귀신을 쫓으시고, 물을 포도주로 만드시며, 죄를 용서하시는 것. 하나님이 하시는 이 모든 사역을 하나님의 아들이신 예수님도 그대로 행하신다.

아버지 하나님은 예수님을 사랑하셔서 하시는 모든 일을 아들에게 보여 주셨다. 또 아들을 통해 더 크고 놀라운 일을 하게 하셨다(20절). 하나님은 생명의 주관자로서 죽은 자를 살리는 권한이 있으시다. 아들이신 예수님도 생명의 주관자로서 죽은 자를 살려 주신다(21절). 하나님은 세상을 심판하는 권한을 모두 아들 예수님께 맡기셨다. 마지막 날 천국에 가서 영원히 살게 될 사람과 영원한 형벌인 지옥에 가서 고통받게 될 사람을 결정하

시는 이가 예수님이시다(22절). 하나님은 모든 사람이 하나님을 공경하듯이 예수님을 공경하기를 원하신다. 하나님을 공경하는 것과 예수님을 공경하는 것은 같다. 예수님을 공경하지 않는 사람은 하나님도 공경하지 않는 것이다(23절).

예수님을 믿는 사람은 이미 영생을 얻었고 심판에 이르지 않는다. 죄로 인해 심판을 받아야 할 사람이 구원을 받고 천국 영생을 얻어 심판에 이르지 않게 하실 수 있는 분은 예수님뿐이시다. 예수님은 우리 죄를 대속하기 위해 이 땅에 오셨고, 예수님을 믿는 사람을 하나님의 자녀가 되게 해 주신다. 우리에게 영원한 생명을 주시고 새롭게 태어나게 하신 예수님, 우리를 빛의 자녀로 살게 하신 예수님께 감사와 찬양과 영광을 올려 드리자.

더 깊은 묵상

1. 예수님이 하나님의 아들이신 증거는 무엇인가?

2. 우리는 어떻게 구원받아 영생을 누리게 되는가?

오늘의 기도

하나님 아버지, 저를 구원하셔서 영원한 생명을 주시고 심판받지 않게 하시니 참으로 감사합니다. 오직 예수님만이 저의 구원자이시며 이 땅에 오신 하나님이심을 믿습니다. 예수님의 이름으로 기도합니다. 아멘.

36 빈 들에서 열린 천국 잔치

말씀 | 요한복음 6:11-13
예수께서 떡을 가져 축사하신 후에 앉아 있는 자들에게 나눠 주시고 물고기도 그렇게 그들의 원대로 주시니라 그들이 배부른 후에 예수께서 제자들에게 이르시되 남은 조각을 거두고 버리는 것이 없게 하라 하시므로 이에 거두니 보리떡 다섯 개로 먹고 남은 조각이 열두 바구니에 찼더라

    빈 들에서 5천 명의 사람들을 먹이신 이 기적은 이 땅에서 보여 주신 하나님 나라의 잔치였다. 하나님 나라의 왕이신 예수님이 그의 백성을 빈 들에 모으시고 천국 잔치를 베풀어 주셨다. 보리떡 다섯 개와 물고기 두 마리로 5천 명을 먹이신 이 사건은 다른 복음서에도 모두 기록되어 있다.

    예수님의 말씀을 듣기 위해 많은 사람이 빈 들에 모였다. 예수님은 큰 무리가 오는 것을 보시고 제자인 빌립에게 이 사람들을 먹일 떡을 어디서 살 수 있겠냐고 물으셨다(5절). 사실 예수님은 자신이 하실 일을 미리 다 알고 계시면서도 빌립의 마음을 떠보려고 이렇게 물으신 것이었다. 빌립이 이 문제를 어떻게 바라보고 있는지, 어떻게 해결하려고 하는지, 그의 믿음이 얼마나 자랐는지 보고자 하신 것이었다.

    빌립은 이 말씀을 듣고 가장 먼저 돈으로 문제를 해결하려고 했다. 하지만 먹을 것을 사 오려면 돈이 턱없이 부족했다. 그는 예수님께 200데나리온(한 데나리온은 노동자의 하루 품삯) 어치의 떡으로도 모자랄 것이라고 했다. 다른 제자인 안드레는 보리떡 다섯 개와 물고기 두 마리를 가진 소년이 있는데, 이렇게 많은 사람에게 그것이 무슨 소용이 있겠냐고 예수님께 말씀드렸다. 이들 모두 문제를 예수님께 의뢰하지 않았고, 예수님에 대한 믿음을 갖지는 못한 것이다.

성서지리학자의 견해에 의하면, 보리떡 다섯 개와 물고기 두 마리는 당시 상황으로 볼 때 소년 한 사람의 것이 아니라, 소년의 가족이 먹는 것일 수도 있다고 한다. 그렇다면 소년의 가족이 자신들의 식사를 포기하고 그것으로 예수님을 섬기고자 했던 것일 수도 있다.

이 기적은 내 힘으로 문제를 해결하려는 마음을 내려놓고 모든 것을 예수님께 전적으로 의탁할 때 하나님의 역사가 일어난다는 것을 보여 준다. 하나님은 기적을 베푸실 때 우리와 함께 일하기를 기뻐하신다. 소년이 예수님께 드린 보리떡 다섯 개와 물고기 두 마리가 예수님의 손에 의해 5천 명을 배불리 먹이고도 열두 바구니가 남는 차고 넘치는 은혜가 되었다.

더 깊은 묵상

1. 예수님이 5천 명을 먹이신 기적은 어디에서 시작되었는가?

2. 제자들의 문제 해결 접근 방식과 예수님이 원하시는 방법에는 어떤 차이점이 있는가?

오늘의 기도

고마우신 하나님 아버지, 소년이 드린 도시락으로 빈 들에서 하나님 나라의 잔치를 베풀어 주신 주님을 묵상합니다. 모든 일을 주님께 전적으로 의탁하며 살아가게 하소서. 예수님의 이름으로 기도합니다. 아멘.

37 예수님의 손

말씀 | 요한복음 6:11
예수께서 떡을 가져 축사하신 후에 앉아 있는 자들에게 나눠 주시고 물고기도 그렇게 그들의 원대로 주시니라

　빈 들에서 5천 명을 먹이신 천국 잔치가 벌어질 때 보리 떡 다섯 개와 물고기 두 마리는 어떤 과정을 통해서 불어나게 되었을까? 그 비밀은 바로 예수님의 손에 있다. 예수님의 손에 들려진 보리떡 다섯 개와 물고기 두 마리는 기도 후에 예수님의 손에서 제자들에게 전달되었다. 예수님의 손에서 천국 잔치의 기적이 시작된 것이다.

　제자들은 예수님이 주시는 떡과 물고기를 사람들에게 나누어 주었다. 빈 들에서의 천국 잔치는 너무나 놀라운 기적의 축제였지만, 예수님과 제자들에게는 엄청난 노동의 시간이었다. 5천 명이 먹을 양을 나누어 주려면 보통 힘든 일이 아니었을 것이다.

　하나님의 일을 하는 사람들은 다른 이들의 행복을 위해 섬겨야 한다. 천국 잔치가 벌어져 모두 기뻐하며 배불리 먹으려면 누군가는 헌신과 수고를 계속해야 한다. 우리는 가만히 앉아서 주는 것만 먹으며 천국 잔치의 기쁨을 누리는 사람들이 아니다. 제자들처럼 나누는 수고를 함으로써 그 기쁨에 참여하는 사람들이다. 그러므로 우리는 하나님 나라의 사역을 위해, 모두가 기뻐하기 위해 늘 나누고 섬기는 헌신과 수고를 아끼지 않아야 한다.

　이 모든 기적은 예수님의 손에서 시작되었다. 아무리 작은 것이라도 예수님의 손에 들려지면 그것은 모든 인류를 먹이고도 남는 능력이 된다. 예

수님의 손에서 능력이 나타난다. 시편 기자는 "나의 앞날이 주의 손에 있사오니"(시 31:15)라고 고백한다.

우리는 싸울 날을 대비해 실력을 기르고 잘 준비해야 한다. 그러나 그것으로 세상을 이길 수는 없다. 언제나 적은 내가 생각하는 것보다 더 크고, 상황은 내가 준비한 것보다 더 어렵게 흘러간다. 그럴 때마다 우리는 주님의 손에 모든 문제를 올려 드리고 주님께 의탁해야 한다. 아무리 작은 일이라도 주님께 올려 드리면 주님의 손에서 능력이 나타나게 된다.

더 깊은 묵상

1. 빈 들에서의 천국 잔치는 제자들에게 엄청난 노동의 시간이었다. 이 사실을 통해 무엇을 배울 수 있는가?

2. 지금 내가 겪는 문제를 예수님의 손에 올려 드리는 시간을 가져 보라.

오늘의 기도

고마우신 하나님 아버지, 모든 문제를 주님의 손에 올려 드립니다. 우리 시대가 주님의 손에 있습니다. 하나님의 은혜와 능력을 경험하게 하소서. 예수님의 이름으로 기도합니다. 아멘.

38 예수님의 마음

말씀 | 요한복음 6:12-13

그들이 배부른 후에 예수께서 제자들에게 이르시되 남은 조각을 거두고 버리는 것이 없게 하라 하시므로 이에 거두니 보리떡 다섯 개로 먹고 남은 조각이 열두 바구니에 찼더라

예수님이 보리떡 다섯 개와 물고기 두 마리로 5천 명을 먹이시고, 남은 조각을 거두게 하셨다. 그것을 다 모으니 열두 바구니에 가득 찼다. 우리는 남은 조각을 모으신 예수님의 모습을 통해 그분의 성품을 보게 된다.

예수님은 남은 조각을 거두고 버리는 것이 없게 하라고 하셨다. 왜 예수님은 남은 조각을 모으라고 하셨을까? 왜 남은 조각이 버려지지 않게 하라고 하셨을까?

요즘 우리 문화에서 생각하면, 남은 것을 모으는 것은 쓰레기를 분리수거 하거나 음식물 쓰레기를 따로 버리려는 것으로 보인다. 그러나 예수님이 사셨던 시대는 로마의 압제 아래 있던 가난한 시대였다. 남은 조각을 거두고 버리는 것이 없게 하라고 하신 것은 곧 남은 조각이 다시금 음식으로 활용되게 하신 것이었다.

작은 것이라도 귀히 여기시고, 심지어는 버려지는 것조차도 다시 활용하게 하시는 예수님의 마음을 알 수 있다. 남은 조각을 모으신 예수님을 묵상하면 이 말씀이 생각난다. "상한 갈대를 꺾지 아니하며 꺼져가는 심지를 끄지 아니하기를 심판하여 이길 때까지 하리니"(마 12:20). 이 땅에서 꺼져가는 생명을 귀히 여기시는 예수님의 마음을 설명하는 말씀이다.

예수님은 작고 연약한 것을 귀히 여겨 주신다. 상한 갈대는 그냥 꺾이거

나 버려질 가능성이 크다. 꺼져가는 등불은 시간이 지나면 그냥 꺼지게 된다. 사람의 기준으로 보면 전혀 가치가 없어 보이는 것들이다. 그래서 상한 갈대는 그냥 빨리 꺾어 버려도 된다고 생각하고, 꺼져가는 등불은 그냥 꺼 버려도 된다고 생각한다. 악한 사람들은 자기에게 이익이 되지 않거나 약하거나 보잘것없다고 생각되는 것들은 공격하거나 버리거나 상처를 주려고 한다. 그러나 예수님은 모든 작고 연약한 것을 귀히 여겨 주신다.

남은 조각조차도 모으게 하신 예수님을 통해 작은 것, 우리가 귀히 여기지 않는 것을 소중하게 생각하는 마음을 배우게 된다. 하나님은 세상에서 귀히 여기지 않는 사람들을 귀히 여기시며 그들의 상처를 싸매 주신다. 세상 사람들이 귀히 여기지 않는 것에 대해서도 하나님의 마음으로 바라보며 하나님의 마음으로 대하는 것이 바로 예수님의 마음을 닮은 그리스도인들이 품어야 할 자세다.

더 깊은 묵상

1. 빈 들에서 5천 명이 다 배불리 먹었다는 증거는 무엇인가?

2. 남은 조각을 모으게 하신 예수님의 마음을 통해 새롭게 배운 내용은 무엇인가?

오늘의 기도

고마우신 하나님 아버지, 작은 조각 하나도 버리는 것이 없게 하라며 열두 바구니에 담아 주신 주님, 주님이 베푸신 사랑과 은혜로 다른 사람들을 섬기게 하소서. 예수님의 이름으로 기도합니다. 아멘.

39 하늘에서 내려온 양식

말씀 | 요한복음 6:31-34

기록된 바 하늘에서 그들에게 떡을 주어 먹게 하였다 함과 같이 우리 조상들은 광야에서 만나를 먹었나이다 예수께서 이르시되 내가 진실로 진실로 너희에게 이르노니 모세가 너희에게 하늘로부터 떡을 준 것이 아니라 내 아버지께서 너희에게 하늘로부터 참 떡을 주시나니 하나님의 떡은 하늘에서 내려 세상에 생명을 주는 것이니라 그들이 이르되 주여 이 떡을 항상 우리에게 주소서

예수님이 빈 들에서 보리떡 다섯 개와 물고기 두 마리로 배불리 먹이신 사람들의 숫자는 5천 명이었다. 아마 전 인류가 모였다고 해도 마찬가지로 모두 배불리 먹을 수 있었을 것이다. 여기서 중요한 진리를 발견하게 된다. 예수님은 창조주 하나님이시라는 사실이다. 또한 우리의 먹고사는 문제가 하나님의 손에 달렸다는 것이다.

우리가 살아가면서 가장 염려하는 부분은 먹고사는 문제다. 빈 들에서 예수님이 음식을 나누어 주신 일은 하나님이 출애굽 시절에 광야에서 만나로 이스라엘 백성을 먹이신 사건과 유사하다. 백성은 농사지을 곳도 없고, 일할 수도 없고, 먹을 것을 구할 수도 없는 상황에 놓여 있었다. 오직 하나님만 바라보아야 했고, 하나님을 믿는 믿음 외에는 다른 대안이 없었다.

하나님은 이들을 위해 하늘에서 만나를 내려 주셨다. 하지만 그들은 만나를 먹으면서도 늘 의심했다. '오늘 내린 만나가 내일 또 내릴까?', '내일은 안 내리면 어떡하지?'

하나님은 만나를 먹을 만큼만 거두라고 하셨다. 하지만 백성은 만나를 더 많이 거두어 두었다가 썩으면 내다 버리고, 다시 새것을 채워 두기를 반복했다. 믿음이 부족했기 때문이다. 하나님이 백성에게 만나를 내려 주신 것은 "사람이 떡으로만 사는 것이 아니요 여호와의 입에서 나오는 모든 말

씀으로 사는 줄을" 그들에게 가르치시기 위해서였다(신 8:3).

내가 먹고살 수 있는 것은 다 나의 사업체, 나의 직장, 나의 재산 덕분이라고 생각하며 살다가 큰 위기가 닥치면 경제적으로 어려움을 겪을 수 있다. 그런 상황에서 하나님의 도우심으로 먹고살게 되면 한두 번은 이 은혜가 우연이라고 생각하거나, 아니면 계속 우연이라고 생각할 수 있다. 또는 하나님의 존재를 알지만 그 도우심이 계속될지 의심을 품을 수도 있다.

하지만 이 모든 시간이 지나면 먹고사는 문제가 내 능력이 아니라 하나님의 은혜로 이루어지는 일임을 알게 된다. 하나님은 이스라엘 백성이 이것을 배우게 하셨다.

하나님의 은혜가 없다면 우리는 단 하루도 살아갈 수 없다. 빈 들에서 천국 잔치를 여신 예수님은 지금도 우리를 먹이시고 인도하신다. 이 사실을 늘 기억하기를 바란다.

더 깊은 묵상

1. 하나님이 이스라엘 백성에게 만나를 내려 주신 이유는 무엇인가?

2. 나의 먹고사는 문제가 하나님의 은혜임을 깨달은 적이 있는가?

오늘의 기도

고마우신 하나님 아버지, 일생을 사는 동안 빈 들과 광야에 놓이게 될 때 두려움에 빠지지 않고 전능하신 하나님의 능력을 의지하게 하소서. 예수님의 이름으로 기도합니다. 아멘.

40 예수님을 따르는 이유

말씀 | 요한복음 6:67-69

예수께서 열두 제자에게 이르시되 너희도 가려느냐 시몬 베드로가 대답하되 주여 영생의 말씀이 주께 있사오니 우리가 누구에게로 가오리이까 우리가 주는 하나님의 거룩하신 자이신 줄 믿고 알았사옵나이다

예수님이 기적을 베푸시는 것을 보고 사람들은 예수님을 왕으로 모시면 평생 먹고사는 문제가 해결될 것으로 생각하여 예수님을 억지로 모셔다가 왕으로 삼으려고 했다. 예수님은 그것을 아시고 피하셨다. 그러자 사람들은 바다 건너까지 따라와서 예수님을 왕으로 삼으려고 했다.

그때 예수님은 육신의 양식을 위해 일하지 말고, 영생을 누릴 때까지 있는 양식을 위해 일하라고 하셨다(27절). 그러자 사람들은 조상들이 하늘에서 내려온 떡, 만나를 먹었다고 이야기했다(31절). 예수님은 하늘에서 참 떡을 주신 분은 하나님이시며, 하나님의 떡은 하늘에서 내려와 세상에 생명을 주는 것이라고 하셨다(32-33절). 그리고 그 생명의 떡이 바로 예수님 자신임을 알려 주셨다(35절).

예수님은 자신을 육신의 먹을 것을 채워 주는 왕으로 모시려고 하지 말고, 구원자로 믿으며 영원한 생명을 얻으라고 하셨다. 또한 육신의 생명을 위해 너무 애쓰지 말고 영원한 세계를 추구하며 살아가라고 말씀하셨다. 그러나 사람들은 그저 먹을 것을 채워 주시는 분을 필요로 하며 예수님을 영혼의 구원자로는 받아들이지 않았다.

그다음은 어떻게 되었을까? 예수님을 통해 먹고사는 문제를 해결하고자 했던 사람들은 모두 예수님의 곁을 떠났다(66절). 오병이어의 기적이 일어

나기 전에 따르던 사람들도, 기적을 보고 따르던 사람들도 모두 예수님을 떠났다.

결국, 오병이어의 기적은 외적으로 보면 예수님의 사역을 축소한 일이었다. 엄밀하게 말하자면 자신의 유익을 위해 따르던 사람들은 다 떠나고, 오직 영원한 생명을 얻어 구원에 이르기를 원하는 사람들만 남게 된 것이었다. 예수님은 열두 제자에게 그들도 떠나겠냐고 물으셨다. 그러자 제자들은 영생의 말씀이 주님께 있는 것을 알기에 주님을 따르겠다고 신앙고백을 했다.

지금도 마찬가지다. 제자가 되기 위해 예수님을 따르는 사람들도 있고, 자신의 유익을 위해 예수님을 따르는 사람들도 있다. 우리는 제자가 되기 위해 예수님을 따라야 한다. 그리고 신실한 제자가 되어야 한다.

더 깊은 묵상

1. 무리는 왜 예수님을 따랐는가? 그리고 왜 떠났는가?

2. 제자들은 왜 남았는가? 제자들의 신앙고백을 통해 어떤 교훈을 깨닫게 되었는가?

오늘의 기도

고마우신 하나님 아버지, 영생을 주시는 예수님을 믿고 따릅니다. 하나님 나라로 저를 이끄소서. 예수님의 이름으로 기도합니다. 아멘.

41 때를 분별하는 지혜

말씀 | 요한복음 7:3-5
그 형제들이 예수께 이르되 당신이 행하는 일을 제자들도 보게 여기를 떠나 유대로 가소서 스스로 나타나기를 구하면서 묻혀서 일하는 사람이 없나니 이 일을 행하려 하거든 자신을 세상에 나타내소서 하니 이는 그 형제들까지도 예수를 믿지 아니함이러라

예수님이 이 땅에서 사역하실 때 예수님의 육신의 동생인 야고보는 예수님의 사역 방식을 못마땅하게 생각했다. 그는 예수님을 하나님의 아들로 인정하지 않고 사회혁명가나 사회운동가 정도로 여겼다. 부활하신 예수님을 만나기 전까지 예수님을 구원자로 믿지 않은 것이다.

야고보는 예수님께 예수님 자신을 세상에 나타내시라고 말씀드렸다. 그의 의도는 이것이었다. "이런 작은 동네에서 일하지 마시고 사람들이 많이 모이는 데 가서 일하세요. 홍보를 많이 해야 사람들도 알고 따르지 않겠습니까." 그러자 예수님은 이렇게 말씀하셨다. "내 때는 아직 이르지 아니하였거니와 너희 때는 늘 준비되어 있느니라"(6절).

예수님은 사역하시는 동안 때에 대한 말씀을 많이 하셨다. 예수님은 철저히 하나님이 인류를 구원하시기 위해 자신을 보내신 때를 아셨고, 그때를 위해 사셨다. 스스로 유명해지려 하지 않으셨고 자신을 드러내려 하지도 않으셨다. 예수님은 오직 하나님 아버지께서 정하신 때를 따라 행하기를 힘쓰셨다. 병을 고치거나 기적을 행함으로 자신이 유명해지는 것이 사역에 방해가 된다는 것도 아셔서 어떤 때는 사람들에게 그 일을 알리지 말라고 당부하기도 하셨다.

우리는 우리가 지금 무엇을 해야 할 때인지를 잘 알지 못하면서 살아간

다. 그러나 분명한 것은 하나님이 우리 삶에도 주님의 뜻을 이루기 위한 때를 준비해 두셨다는 것이다. 우리는 대부분 그때를 잘 알지 못하다가 시간이 지난 후에야 깨닫게 되는 경우가 많다. 그러나 분명한 것은 주님이 우리를 위해 모든 때를 준비해 두셨다는 것이다.

우리의 만남은 주님이 허락하신 때 안에 있으며, 주님과 더불어 수고하고 고난을 감당하는 것 또한 주님의 때 안에 있다. 우리 미래의 영광도 주님의 때 안에 있을 것이다. 그러기에 인위적으로 무엇인가를 이루려고 하기보다는 하나님이 예비하신 때를 기다리고 준비하며 분별하는 지혜가 필요하다.

우리는 열심히, 치열하게 살아야 한다. 미래를 위해 실력을 쌓아야 한다. 그러나 더 중요한 것은 역사의 주관자이신 하나님의 주권과 섭리에 순종하는 것이다. 이 땅에서 예수님은 오직 하나님의 뜻을 행하며 구원의 때를 준비하는 삶을 사셨다.

더 깊은 묵상

1. 야고보가 예수님께 더 큰 곳에 가서 일하시라고 말씀드린 이유는 무엇인가?

2. 주님이 원하시는 때에 쓰임 받기 위해 우리는 무엇을 어떻게 준비해야 하는가?

오늘의 기도

고마우신 하나님 아버지, 모든 때가 주님의 손에 있음을 고백합니다. 묵묵히 주님을 따르는 믿음의 일꾼이 되게 하소서. 예수님의 이름으로 기도합니다. 아멘.

42 올바른 판단

말씀 | 요한복음 7:24
외모로 판단하지 말고 공의롭게 판단하라

종교 지도자들은 예수님이 안식일에 병 고치신 일을 가장 큰 걸림돌로 여겼다. 예수님은 안식일에 소가 우물에 빠지면 건져 주면서, 사람을 고치는 일은 잘못되었다고 하는 그들의 판단이 옳지 않다고 하셨다. 또 그들은 안식일에 할례를 행하면서, 예수님이 사람을 고치신 일에는 화를 내는 것이 과연 정당한지 생각해 보라고 하셨다(23절).

병든 사람을 치료해 주는 일이 왜 안식일을 범하는 것인지 생각해 보라는 예수님의 말씀을 깊이 살피면, 안식일에 대한 종교 지도자들의 판단이 잘못되었다는 것을 충분히 알 수 있다. 그러나 그들은 예수님을 바르게 판단하지 않았다. 예수님이 안식일을 어겨 하나님의 율법을 지키지 않았다고 비판할 뿐만 아니라, 예수님이 좋지 않은 지역 출신이라고 무시하고, 당시 자신들이 인정하는 학문 연구 기관을 나오지 않았다고 헐뜯기도 했다. 이 모든 판단 기준은 예수님을 배척하고 죽이려는 근거로 사용되었다.

우리는 나의 경험과 나의 생각에 근거해서 편견을 가지고 다른 사람들을 쉽게 판단하거나 편애할 때가 있다. 외모와 학벌, 경제적 능력 등 겉으로 드러나는 모습으로 상대를 평가하는 잘못을 저지르기도 한다. 우리에게 바른 판단을 할 수 있는 능력이 있다면 앞으로 살아가는 데 큰 유익이 있을 것이다.

바른 판단은 예수님께 배워야 한다. 예수님은 공의로 판단하시는 분이다. 우리가 하나님을 믿고 예수님을 닮아 간다는 것은 예수님처럼 생각하고 예수님처럼 세상을 보는 안목이 길러진다는 것이다. 예수님은 우리를 얽어매는 모든 형식적인 것을 무너뜨리시고, 우리 영혼을 구원하여 율법에서 우리를 자유롭게 하셨다.

우리는 잘못된 판단과 평가로 다른 사람들에게 상처 주지 말아야 한다. 그리고 나 자신도 거기에 상처받는 일이 없어야 한다. 예수님이 우리를 귀한 존재로 여겨 주시기 때문이다. 우리는 예수님처럼 다른 사람들을 진정으로 사랑하고, 그들이 잘되도록 도우려는 마음을 가져야 한다. 여전히 부족하더라도 한 걸음씩 예수님을 닮아 가는 그리스도인이 되어야 한다.

더 깊은 묵상

1. 예수님은 왜 종교 지도자들에게 외모로 판단하지 말라고 하셨는가?

2. 외적으로 드러나는 모습으로만 다른 사람들을 판단한 적이 없는지 돌아보라.

오늘의 기도

고마우신 하나님 아버지, 다른 사람들을 대할 때 예수님처럼 사랑하는 마음으로 바라보게 하소서. 제 마음이 주님의 마음을 닮기를 원합니다. 예수님의 이름으로 기도합니다. 아멘.

43 생수의 강

말씀 | 요한복음 7:37-38
누구든지 목마르거든 내게로 와서 마시라 나를 믿는 자는 성경에 이름과 같이 그 배에서 생수의 강이 흘러나오리라

초막절에 예수님이 예루살렘에서 생수의 강에 대해 말씀하셨다. 이 절기는 광야 생활을 하던 백성에게 하나님이 물을 먹이신 일을 기념하는 날로, 실로암의 물을 떠서 하나님께 감사하는 행사가 진행된다.

우리는 그 무엇에 대한 갈증이 있다. 어떤 이들은 사랑에 대한 갈증이 있고, 어떤 이들은 성공에 대한 갈증이 있다. 내용이 조금 다를 뿐 모두 갈증을 품고 있다. 그런데 이 갈증이 해결되면 또 다른 갈증이 생긴다. 육신의 갈증은 끊임없고 만족이 없으며 우리를 늘 목마르게 한다. 이 갈증은 우리를 살아가게 하는 힘이 되기도 하지만, 한편으로는 인생의 허무함을 알게 하기도 한다.

그러나 주님께 와서 마시는 생명수는 다시는 갈증을 느끼지 않게 하며, 그 배에서 생수의 강이 흘러나오게 된다고 하셨다. 예수님이 말씀하신 이 생수의 강을 흘러나오게 하는 분이 바로 성령님이시다. 성령님이 우리 마음에 계셔서 강물같이 흐르는 평안과 사랑과 능력을 넘치도록 주실 때 우리는 세상 사람들과 다르게 살게 된다.

미국의 심리학자인 허즈버그는 사람에게 두 가지 욕구 요인이 있다고 했다. 바로 '만족요인'과 '불만족요인'이다. 불만족요인은 내 생활에 불편을 주는 요소로, 이것은 아무리 해결해도 끝이 보이지 않는다. 그런데 불만족

을 해결하는 것이 만족을 의미하지는 않는다. 우리를 만족하게 하는 요인은 따로 있다. 이것을 만족요인이라고 한다. 예수님이 우리에게 주시는 마음의 평안과 주님의 동행하심, 능력 주심은 만족요인이다. 영원한 생명을 얻고 주님의 나라를 소망하며 사는 것은 우리에게 흔들리지 않는 확고한 행복을 준다.

세상 사람들은 불만족요인을 해결하여 갈증을 풀려고 한다. 그러나 예수님은 세상에서 오는 불만족요인을 압도하고도 남을 만족요인을 받으라고 말씀해 주신다.

물론 육신의 문제와 육신의 갈증도 해결되어야 한다. 그러나 분명한 만족요인은 죄 사함을 받고 예수님의 사랑을 풍성하게 경험하며 천국 영생을 소유하는 것이다. 우리는 예수 그리스도를 모시는 삶, 영원한 생명을 추구하는 삶, 성령님의 인도하심을 받는 삶을 살아야 한다. 무엇보다도 영적인 일에 집중하며 살아야 한다.

더 깊은 묵상

1. 성령님이 주시는 생수의 강은 우리에게 어떤 은혜를 주는가?

2. 내가 집중해야 할 만족요인은 무엇인가?

오늘의 기도

고마우신 하나님 아버지, 육신의 문제가 해결되기를 원합니다. 그러나 예수님을 믿어 천국 백성이 된 진리를 잊지 않고 늘 감사하며 살게 하소서. 성령의 생수의 강이 흘러넘치는 은혜를 누리게 하소서. 예수님의 이름으로 기도합니다. 아멘.

44 종교 지도자들의 두 얼굴

말씀 | 요한복음 8:4-5
예수께 말하되 선생이여 이 여자가 간음하다가 현장에서 잡혔나이다 모세는 율법에 이러한 여자를 돌로 치라 명하였거니와 선생은 어떻게 말하겠나이까

 서기관들과 바리새인들, 곧 많은 종교 지도자가 간음하는 여인을 현장에서 잡았다면서 예수님께 데려왔다. 그리고 이 여인을 판결하라고 요청했다. "율법은 이런 여자를 돌로 쳐 죽이라고 했습니다. 어떻게 할까요?"라는 것이다. 이는 예수님을 아주 곤란하게 하는 질문이었다. 이 여인을 돌로 치라고 하면 당시 로마법을 어겨 살인 교사죄가 적용되고, 그냥 풀어 주라고 하면 율법을 어기는 것이므로 백성에게 신뢰를 잃고 예수님을 공격할 빌미를 주게 되는 것이었다.
 당시 종교 지도자들은 예수님을 모함하는 질문을 많이 했다. 이 여인을 예수님 앞에 세운 것도 예수님을 파멸하고자 하는 악한 의도에서 비롯되었다. 종교 지도자들은 참으로 경건하고 훌륭하다고 평가받는 사람들이었다. 그러나 그들의 내면은 악했다. 여인의 인생이나 생명에 대해서는 조금의 자비와 긍휼도 없었다. 예수님을 향해서도 어떻게 해서든지 올무에 걸리게 하려고 했다. 그들의 관심사는 오직 이 여인과 예수님을 파멸하는 것이었다.
 여기서 우리는 중요한 교훈을 얻게 된다. 우리는 이 여인을 어떤 태도로 보고 있는가? 종교 지도자들은 여인과 예수님의 파멸을 기다렸다. 그러나 예수님은 여인의 영혼에 초점을 두시고 그녀의 죄와 상처의 회복에 집중하셨다.

인간은 자신의 주장을 관철하기 위해 다른 이들을 희생시키거나 그들의 고통을 자신의 목적에 이용하려는 악한 마음이 있다. 타인의 고통에는 관심 없고 오직 자신의 이익만을 위해 행동할 때가 있는 것이다. 종교 지도자들이 한 여인의 생명을 놓고 예수님을 시험하려고 할 때, 예수님은 그 영혼을 구원하시고 사랑하시고 용서하시기로 이미 결정하셨다. 이것이 복음이다.

종교 지도자들처럼 외적으로는 경건한 척하면서 사람들을 대할 때는 그들을 이용하려는 모습이 있다면 반드시 고쳐야 한다. 그리고 예수님처럼 그 생명이 구원받고 그 영혼이 잘되도록 힘쓰고 기도해야 한다.

우리에게는 판단하거나 평가할 권한이 없다. 우리에게는 사랑하라는 명령만 주어졌을 뿐이다. 그러므로 우리는 사람들을 대할 때마다 그들의 영혼에 관심을 기울여야 한다.

더 깊은 묵상

1. 종교 지도자들의 질문에는 어떤 함정이 있는가?

2. 이 여인을 바라보는 예수님의 관점을 통해 어떤 영적 교훈을 얻게 되는가?

오늘의 기도

하나님 아버지, 저의 허물을 용서하시고 치유해 주시니 감사합니다. 다른 사람들을 사랑으로 대하는 믿음의 사람이 되게 하소서. 예수님의 이름으로 기도합니다. 아멘.

45 분노를 다스리라

말씀 | 요한복음 8:6-7
그들이 이렇게 말함은 고발할 조건을 얻고자 하여 예수를 시험함이러라 예수께서 몸을 굽히사 손가락으로 땅에 쓰시니 그들이 묻기를 마지 아니하는지라 이에 일어나 이르시되 너희 중에 죄 없는 자가 먼저 돌로 치라 하시고

   종교 지도자들이 현장에서 잡힌 여인을 앞에 두고 예수님을 공격하자, 예수님은 몸을 굽혀 손가락으로 땅에 무엇인가를 쓰셨다. 성경에서는 예수님이 무엇을 쓰셨는지 설명해 주지 않는다.
   종교 지도자들은 흥분한 상태로 이제 드디어 예수님을 잡을 기회가 생겼다고 생각하며 예수님을 바라보았다. 예수님이 여인을 돌로 치라고 명령하시면 그대로 하겠다는 각오로 돌을 들고 서 있었다. 이런 살벌한 상황 속에서 예수님은 조용히 땅에 무엇인가를 쓰셨다.
   "죄 없는 자가 먼저 돌로 치라"는 말씀을 쓰셨을 것으로 보는 사람도 있고, 그 주위에 둘러서 있는 남자들의 죄를 깨닫게 하시려고 그들의 죄와 관련된 사람들의 이름을 쓰셨을 것으로 보는 사람도 있다. 하지만 무엇을 쓰셨는지 우리는 알 수 없다.
   예수님이 무엇인가를 쓰시는 동안 종교 지도자들은 '무슨 말이든 해 봐라. 반드시 올무에 걸리게 될 것이다.'라고 생각했을 것이다. 그런데 예수님이 그러시는 동안 그들의 완악함과 분노의 감정이 잠시 정화되었을 수도 있다. 잠시 자신을 돌아보게 되는 시간이 되었을 수도 있다. 어떤 학자는 예수님이 전능자로서 땅에 무엇인가를 쓰시는 동안, 돌에 맞아 죽을 수도 있는 그들 각자의 죄목을 생각나게 하셨을 것으로 보기도 한다. 자신의 죄

에는 관대하면서 여인은 돌로 치려는 그들의 악한 마음에 하나님의 엄중한 경고가 생각났을 것으로 보는 사람도 있다.

분명한 것은 잠깐의 시간은 그들에게 분노를 다스리는 역할을 해 주었을 거라는 것이다. 성경은 성급하게 분노하는 태도에 대해 많이 경고한다. 성급하게 분노하는 사람은 어리석은 일을 행하게 된다. 예수님이 땅에 무엇인가를 쓰시는 동안 주변의 많은 사람이 평생 돌이킬 수 없는 잘못을 저지를 상황에서 잠시 벗어나게 되었다.

분노한 상태에서 한 결정이나 행동은 반드시 큰 후회를 남긴다. 우리는 생각이 정리된 상태에서 결정하고 행동해야 한다. 분노를 느끼면 반드시 조절할 틈을 가져야 한다. "노하기를 더디 하는 자는 용사보다 낫고 자기의 마음을 다스리는 자는 성을 빼앗는 자보다 나으니라"(잠 16:32).

더 깊은 묵상

1. 분노 때문에 일을 망친 적이 있는가? 분노가 얼마나 위험한지 생각해 보라.

2. 분노를 다스리기 위해 나는 어떤 노력을 해야 하는가?

오늘의 기도

고마우신 하나님 아버지, 성급하게 분노하지 않도록 저의 성품을 다스려 주소서. 성령님이 제 마음을 주장하사 온유한 마음, 긍휼한 마음, 여유로운 마음으로 살아가게 하소서. 예수님의 이름으로 기도합니다. 아멘.

46 배려

말씀 | 요한복음 8:10-11

예수께서 일어나사 여자 외에 아무도 없는 것을 보시고 이르시되 여자여 너를 고발하던 그들이 어디 있느냐 너를 정죄한 자가 없느냐 대답하되 주여 없나이다 예수께서 이르시되 나도 너를 정죄하지 아니하노니 가서 다시는 죄를 범하지 말라 하시니라

    예수님은 현장에서 잡혀 곧 돌에 맞아 죽어야 할 운명에 놓인 여인을 용서하시기로 하셨다. "죄 없는 자가 먼저 돌로 치라"는 말씀으로 살기등등했던 악한 인간들이 자신을 돌아보게 하셨고, 다시 땅에 무엇인가를 쓰시면서 그들에게 자리를 떠날 수 있는 시간을 주셨다. 양심에 가책을 받은 모든 사람이 그 자리를 떠나가게 하신 것이다. 그리고 거기에는 예수님과 여인 둘만 남게 되었다.

    예수님은 여인에게 물으셨다. "네게 죄가 있다고 말하던 사람들이 어디 있느냐? 너는 죄인이기 때문에 돌에 맞아 죽어야 한다고 말하던 사람이 없느냐?" 여인이 대답했다. "주여, 아무도 없습니다."

    그 사람들이 이미 떠난 것을 모르셔서 예수님이 이렇게 물으신 게 아니다. 여인을 정죄하거나 죽이려는 사람이 이제는 없다는 사실을 재차 확인시켜 주고자 물으신 것이었다. 여인은 예수님께 대답하면서, 자신에게 죄를 묻는 사람이 없다는 것을 확인하게 되었다.

    예수님이 말씀하셨다. "나도 네가 죄지은 여자라고 말하지 않겠다. 가서 다시는 죄를 짓지 마라." 창조주이시며 심판자이신 예수님이 말씀하셨다. "네게 죄가 있다고 말하는 사람들이 없구나. 나도 네게 죄가 있다고 말하지 않겠다. 내가 너를 용서한다. 이제 새롭게 살아라." 직접 바로 용서하실

수 있는 예수님이 그녀를 죽이려고 살기등등한 자들이 사라진 것을 확인하게 하시고 그 이후에 용서를 선포해 주셨다.

예수님은 사랑 그 자체이시다. 사랑은 다른 여러 가지 말로 표현될 수 있다. 섬김, 존중, 공감, 용서, 희생, 긍휼, 기다림, 배려…. 사랑이 무엇인지 모른다면 우리는 예수님께 참사랑을 배워야 한다. 사랑을 베푸는 데도 기술이 필요하다.

예수님은 이 여인의 마음을 돌아보셨다. 분노와 상처 그리고 수치심으로 가득한 그녀의 마음을 귀히 여기셨다. 때로는 하나님께 용서받았다는 것을 알면서도 주변 사람들의 시선 때문에 마음의 짐을 벗어 버리지 못하는 이들이 있다. 예수님은 이 여인이 예수님께 용서받았다는 것을 알게 하셨고, 주변의 시선으로부터 자유롭도록 배려하셨다. 이것이 사랑이다. 배려는 사랑의 또 다른 이름이다. 서로를 귀히 여기며 상처와 아픔까지도 살펴 줄 수 있어야 한다.

더 깊은 묵상

1. 이 여인을 향한 예수님의 배려는 어떻게 나타났는가?

2. 내가 더욱 배려해야 할 사람은 누구인가? 어떻게 배려해야겠는가?

오늘의 기도

고마우신 하나님 아버지, 용서하시고 배려하시는 사랑의 주님을 만납니다. 저를 용서하시고 치유하시고 회복하게 하시는 은혜에 감사를 올려 드립니다. 예수님의 이름으로 기도합니다. 아멘.

47 진리가 너희를 자유롭게 하리라

말씀 | 요한복음 8:32
진리를 알지니 진리가 너희를 자유롭게 하리라

    성경에서 말씀하는 진리는 생명을 살리는 것, 영생을 주는 것, 죄로부터 자유를 주는 것, 하나님과 하나 되게 하는 것, 영원하신 하나님의 성품과 속성을 가진 것, 이 모든 것이 포함된다. 유일한 진리는 하나님의 아들이신 예수님이시다. 예수님은 "진리가 너희를 자유롭게 하리라"(32절), "아들이 너희를 자유롭게 하면 너희가 참으로 자유로우리라"(36절)라고 말씀하신다.

    진리는 우리에게 참 자유를 준다. 예수님이 죄와 사망, 율법 등 우리를 얽매고 있는 모든 것에서 자유롭게 해 주신다. 현장에서 잡혀 죽음 앞에 선 여인의 상황에 비춰 보면 진리가 무엇인지 분명하게 드러난다. 여인은 죄로 인한 고통, 죄의 형벌로 인해 곧 돌에 맞아야 할 고통, 그리고 죽음을 맞이해야 할 고통이 있었다. 이 여인에게 진정한 자유를 주는 것이 바로 진리다. 예수님은 죄와 형벌과 죽음 앞에 놓인 여인에게 자유를 주셨다. 진리가 우리를 자유롭게 한다는 것은 하나님의 은혜를 선포하는 것을 뜻한다.

    이 말씀은 유대인들에게 하신 말씀이다. 율법적인 종교 생활에 얽매여 율법적인 행함으로 구원에 이르고자 애쓰는 잘못된 종교인들을 향해, 예수님 안에서 선포된 하나님의 은혜를 경험하면 은혜 안에서 진정한 자유를 누리게 된다고 말씀하시는 것이다.

    구원받았다고 하면서도 여전히 율법적인 생활을 하는 이들이 있다. 그러면 모든 신앙생활이 속박으로 여겨질 것이다. 그러나 주님의 구원의 은혜 속에 거하면 모든 것이 자유롭게 된다. 열심히 신앙생활을 하면서 선을 행하고 봉사하고 노력하는 것은 구원받기 위함이 아니다. 이것은 구원의 조건이 되지 못한다. 구원받았기 때문에 감사함으로 선행과 봉사와 섬김을 실천하는 것이다. 구원을 이루는 데 우리의 공로나 행위는 아무런 도움이 되지 않는다. 우리는 오직 하나님을 믿는 믿음으로 은혜를 얻고 구원받는다. 따라서 우리의 봉사와 섬김은 짐이 아니라 은혜에 대한 감사함과 사랑의 나눔이 되어야 한다.

율법주의로 믿음 생활을 하고 있다면 자신을 돌아봐야 한다. 율법적인 믿음 생활은 완벽하지 못한 자신을 공격하게 한다. 그리고 자신보다 못하다고 생각되는 사람들 또한 공격하게 한다. 이런 마음이 있다면 자유롭지 못하게 된다. 우리는 예수님이 주시는 진정한 은혜 속의 자유를 누리도록 힘써야 한다. 우리는 주님 앞에서 최선을 다할 뿐이다. 그러나 여전히 부족하다. 그 부족함을 늘 충만하게 채우시는 것 역시 예수님의 은혜다.

더 깊은 묵상

1. 예수님이 참된 진리이신 이유는 무엇인가?

2. 나의 믿음 생활은 율법적인가, 아니면 은혜 안에서 살고 있는가?

오늘의 기도

고마우신 하나님 아버지, 하나님의 은혜로 구원받았지만 율법적으로 믿음 생활을 하는 우리 자신을 돌아보길 원합니다. 진리이신 예수님의 은혜 안에서 자유롭고 기쁘게 믿음 생활을 하게 하소서. 예수님의 이름으로 기도합니다. 아멘.

48 관점 고치기

말씀 | 요한복음 9:1-2
예수께서 길을 가실 때에 날 때부터 맹인 된 사람을 보신지라 제자들이 물어 이르되 랍비여 이 사람이 맹인으로 난 것이 누구의 죄로 인함이니이까 자기니이까 그의 부모니이까

태어날 때부터 앞을 못 보는 사람이 있었다. 제자들은 그 사람이 그렇게 된 이유가 그의 죄 때문인지, 부모의 죄 때문인지 예수님께 물었다. 그러나 예수님은 질병이나 장애도 하나님의 영광을 나타내는 축복의 통로가 됨을 알려 주셨다.

당시 유대인들은 질병이나 장애는 죄의 결과라고 생각했다. 이 땅에 질병과 장애가 들어온 것은 아담의 타락으로 죄가 들어오고 난 이후부터다. 그러나 개인이 질병의 짐을 지게 된 것은 그 자신이나 부모의 죄가 직접적으로 연관된 것은 아니다. 이런 태도는 인생의 짐이 무거운 그들을 아주 잔인하게 고통 속으로 몰아가는 결과를 가져오게 된다.

장애가 있는 사람도 하나님이 지으셨다. 그렇다면 "왜?"라고 묻게 될 것이다. 우리는 모든 것을 다 알 수 없다. 분명한 것은 예수님은 상한 갈대와 꺼져가는 등불을 소중히 여기시고, 연약한 사람들에게 더 많은 사랑과 긍휼을 베푸시는 분이라는 것이다. 그리고 그들은 많은 것을 가진 이들보다 훨씬 더 천국 문 가까이에 서 있다는 것이다. 그들은 많은 것을 가진 이들보다 천국을 더욱 사모하는 마음으로 귀한 영적 복을 소유하게 된다. 이 땅에서 많은 것을 누리는 이들은 주님의 심판과 천국이 도래하면 자신이 가진 것을 잃을까 봐 두려워하지만, 그들은 그날에 모든 것이 회복되고 완전

해지는 기쁨을 경험하게 될 것이기에 영생을 더욱 소망하게 된다.

우리는 예수님의 관점으로 세상을 봐야 한다. 너무 현실적인 육신의 일보다는 영원한 세계에 마음을 두어야 한다. 마지막에 이기는 사람이 진짜 이기는 사람이며, 마지막에 모든 것을 얻는 사람이 진짜 모든 것을 얻는 사람이기 때문이다. 공의로우신 하나님은 덜 가진 사람도 공의롭게 판단하시고, 더 가진 사람도 공의롭게 판단하신다.

예수님이 썩어질 육신보다 영혼 구원에 더욱 관심을 두시고 그 영혼을 소중히 여기신다면 우리도 그렇게 해야 한다. 원인을 규명한답시고 인생의 짐이 무거운 이들에게 또다시 상처를 주어서는 안 된다. 예수님처럼 사랑의 마음으로 근본적인 치유와 도움이 될 방법이 무엇인지 모색해야 한다. 이것이 그리스도인의 올바른 자세다.

더 깊은 묵상

1. 장애가 있는 사람에 대한 예수님과 제자들의 관점은 어떤 차이가 있는가?

2. 장애가 있는 사람에 대한 나의 인식에서 바뀌어야 할 부분이 있는지 살펴보라.

오늘의 기도

하나님 아버지, 저의 연약함 때문에 주님을 더 간절히 찾고 천국을 사모하게 하시니 감사합니다. 연약한 이들을 더 귀히 여기고 주님의 사랑으로 섬기길 원합니다. 예수님의 이름으로 기도합니다. 아멘.

49 하나님의 일을 나타내는 삶

말씀 | 요한복음 9:3
예수께서 대답하시되 이 사람이나 그 부모의 죄로 인한 것이 아니라 그에게서 하나님이 하시는 일을 나타내고자 하심이라

    제자들이 태어날 때부터 앞을 못 보는 사람을 두고 그가 그렇게 된 것이 누구의 죄 때문이냐고 물었을 때, 예수님은 그에게서 하나님의 일이 나타나기 위해서라고 말씀하셨다. 하나님이 하시는 일을 나타낸다는 것은 그의 삶이 하나님의 영광을 나타내며 하나님이 하나님 되심을 증명하는 도구로 쓰임 받는다는 것을 뜻한다.

    장애가 있으면 삶에서 큰 불편을 겪게 된다. 그러나 이 어려움 또한 하나님의 일을 나타내고 하나님의 영광을 나타내는 도구로 쓰임 받게 된다. 우리 주변에는 장애가 있기 전에는 평범하게 살았지만, 장애를 겪은 후 하나님의 영광을 나타내는 귀한 일을 하는 이들이 있다. 인터넷 매체를 통해 장애인에 대한 인식을 널리 개선하고, 많은 사람에게 희망과 용기를 주며, 예수님의 사랑을 전하는 축복의 통로 역할을 하는 이들도 예로 들 수 있다. 자신의 장애를 하나님의 영광을 나타내는 사역으로 승화하는 것이다.

    하나님이 그분의 일을 나를 통해 이루신다면 얼마나 기쁘고 행복하겠는가? 소요리문답 1문에서는 인간의 주된 목적이 "하나님을 영화롭게 하고, 하나님으로 영원토록 즐거워하는 것", 즉 주님이 하시는 일을 보며 함께 기뻐하는 것이라고 정의한다.

    사람들의 눈에 앞을 못 보는 이는 불쌍한 존재로 보였을지 모른다. 그러

나 하나님은 이 사람을 통해 하나님이 살아 계신 하나님이시며 영광 받으실 분이라는 것을 나타내고자 하셨다.

여기서 중요한 영적 교훈을 얻을 수 있다. 우리는 '다른 사람들보다 내가 얼마나 더 많이 가졌는가?'의 기준으로 행복을 측정하려고 한다. 그러나 예수님 안에서 진정한 행복은 우리 삶을 통해 어떻게 하나님의 영광을 나타내며, 하나님을 존귀하시게 하는 존재가 될 수 있는가에 있다. 우리는 다른 사람보다 덜 가진 것에 마음을 두어서는 안 된다. 출발이 다른 사람보다 늦은 것에 마음을 두어서는 안 된다. 우리는 예수님과 함께 날아오르는 미래, 하나님의 일을 나타내는 삶에 마음을 두어야 한다.

더 깊은 묵상

1. 장애를 통해 하나님의 영광을 나타내는 사례를 찾아보라.

2. 나의 연약함은 무엇인가? 나의 삶이 하나님의 영광을 나타내는 도구가 될 수 있길 기도하는 시간을 가지라.

오늘의 기도

고마우신 하나님 아버지, 다른 사람과 저를 비교하지 않고, 저를 통해 영광을 나타내실 하나님의 계획을 기대하며 살게 하소서. 주님의 영광을 나타내는 삶을 살게 하소서. 예수님의 이름으로 기도합니다. 아멘.

50 최소의 요구

말씀 | 요한복음 9:6-7
땅에 침을 뱉어 진흙을 이겨 그의 눈에 바르시고 이르시되 실로암 못에 가서 씻으라 하시니 (실로암은 번역하면 보냄을 받았다는 뜻이라) 이에 가서 씻고 밝은 눈으로 왔더라

    예수님은 태어날 때부터 앞을 못 보는 사람을 고쳐 주기로 하셨다. 한 번도 빛을 보지 못한 이 사람에게 치유는 곧 복음이었다. 예수님은 침으로 진흙을 이겨 그의 눈에 발라 주시고 실로암에 가서 씻으라고 말씀하셨다.

    예수님은 말씀으로 병자들을 고치셨다. 그런데 이번에는 진흙을 이겨 앞을 못 보는 이의 눈에 바르시고 그에게 씻으라고 하심으로 그 눈을 고치셨다. 왜 이렇게 하셨을까? 그 뜻을 다 알 수는 없으나, 다만 사회복지를 전공하고 신학을 공부하여 목회 사역을 하고 있는 필자의 관점에서 이 말씀의 묵상을 나누고자 한다.

    이 사람은 선천적으로 시각장애가 있다. 그렇다면 그의 눈은 볼 수 있는 상태로 완성되지 못했을 가능성이 크다. 예수님은 태초부터 말씀으로 계셨고, 천지창조에 함께하셨으며, 사람을 지으시고 생명을 주신 분이다. 태초에 하나님은 흙으로 사람을 지으시고, 그 코에 생기를 불어넣어 살아 있는 존재가 되게 해 주셨다. 생명이 없는 곳에 생명을 주신 것이다.

    예수님은 태어날 때부터 완성되지 않은 그의 눈에 진흙을 발라 눈을 창조해 주셨다. 단 한 번도 보지 못했던 빛을 보고, 사람을 보고, 세상을 볼 수 있도록 눈을 다시 만들어 주셨다. 일반적으로 치료가 가능한 상태는 질병으로 보고, 영구히 회복이 불가한 상태는 장애라고 본다. 이 사람의 눈

은 태어나면서부터 회복이 불가했다. 그런데 예수님이 그의 눈을 재창조해 주신 것이다.

예수님은 환자를 고치시거나 장애가 있는 사람을 고치실 때 반드시 그의 믿음을 보셨다. 입술의 고백 또는 행동으로 증명되는 믿음을 요구하셨다. 그리고 그 믿음 위에 큰 은혜를 베푸셨다. 믿음은 곧 큰 은혜를 베푸시기 위한 예수님의 최소의 요구인 것이다.

예수님은 이 사람에게 실로암에 가서 씻으라고 말씀하셨다. 많은 사람이 지켜보는 가운데 실로암까지 가서 씻어야 하는 상황이었다. 이 수고는 주님의 고치심에 대한 그의 믿음을 고백하는 믿음의 표현이기도 했다. 이처럼 예수님은 큰 은혜를 베푸시기 전에 반드시 우리의 믿음을 보신다.

오늘을 살면서 이렇게 고백했으면 좋겠다. "예수님이 나와 함께하시기에 나의 미래에는 크고 놀라운 일들이 일어날 것이며 주님이 반드시 그렇게 해 주실 것이다!" 이런 믿음의 고백 위에 주님이 베푸시는 큰 은혜를 경험하기를 바란다.

더 깊은 묵상

1. 예수님은 어떤 방법으로 선천적으로 앞을 못 보는 사람을 고치셨는가?

2. 구원을 베푸신 예수님이 나에게 요구하시는 최소의 믿음의 표현은 무엇이라고 생각하는가?

오늘의 기도

고마우신 하나님 아버지, 주님의 은혜를 사모합니다. 주님을 향한 믿음을 고백하게 하시고, 증명되는 믿음, 행함이 따르는 믿음으로 살아가게 하소서. 예수님의 이름으로 기도합니다. 아멘.

복음 플러스

신학과 교리는 왜 생겼는가?

예전에 한 산부인과 의사와 함께 선교여행을 떠난 적이 있다. 그때 나는 그 의사에게 누군가 위급하게 출산하는 상황이 발생하면, 나도 아기를 받을 수 있을 것 같다고 이야기했다. 어릴 때 가축이 새끼를 낳는 모습을 많이 봤고, 새끼 낳는 어미 가축이 힘들어할 때 도와준 적이 있기 때문이다. 그때 이 의사는 내게 평생 마음에 남을 교훈을 들려주었다.

"의사는 누구나 할 수 있는 90퍼센트의 일을 위해 공부하는 것이 아니라, 비상시 일어날 일들을 대비하기 위해 그 많은 공부를 하는 것입니다."

이것이 바로 전문가라는 생각을 하게 되었다.

신학교에 가면 배우는 과목들이 있다. 히브리어, 헬라어, 구약, 신약, 성경배경사, 정경론, 조직신학, 역사신학, 실천신학 등이 있다. 그런데 그 내용이 목회에 기초가 되긴 하지만 직접적으로는 필요하지 않거나 아주 가끔 쓰이는 것이 많다. 그렇지만 이것을 배우는 이유는 바로 이단으로부터 정

통 진리를 지키기 위해서다.

신학과 교리는 왜 생겼을까? 한마디로 요약하면 이단 때문이다. 이단의 도전에 대한 교회의 응전이 바로 체계화된 신학과 교리다. 해 아래 새것이 없다고, 모든 것은 뿌리를 가지고 있다. 이단의 역사를 공부해 보면 모든 이단의 뿌리와 사상이 유사한 것을 느끼게 된다.

신약에 나타난 이단은 마술사 시몬을 들 수 있다. 사도행전에 등장한 그는 베드로에게 성령을 돈 주고 사려 했던 인물이다. 기록에 의하면, 마술사 시몬은 사도들처럼 성령의 능력을 일으키지 못하자 마술로 사람들을 속이면서 교세를 넓혀 갔다.

다음으로는 니골라 당을 예로 들 수 있다. 니골라 당은 에베소 교회와 버가모 교회에 침투한 이단의 일파로, 이들은 한번 하나님을 믿은 뒤에는 무슨 행동을 해도 죄가 되지 않는다며 도덕폐기론과 무율법주의를 주장했다.

그 이후 이단들은 교회사에서 등장하는데, 대체로 가장 큰 논쟁은 예수님은 누구신가에 관한 것이었다. 그리하여 사도신경에 예수님이 누구신가에 관한 고백이 많이 담겨 있는 것이다. 예수님은 인간이며 하나님이 아니라는 사상을 주장한 아리우스라는 인물과 그를 따르는 무리가 있었다. 이 사상은 현재의 자유주의 신학을 가진 사람들의 주장과 흡사하다. 자유주의 신학을 신봉하는 사람들도 예수님을 하나님이 아니라 인간일 뿐이라고 말한다.

아리우스파와의 논쟁으로 기독론, 즉 예수님이 누구신가에 대한 교리가 정립되었다. 니케아 공의회(325년)에서 결정된 일이다. 이 회의에서는 예수님은 참 하나님이시고 참사람이시며 유일하신 구원자이심을 고백하게 되었다. 그 후 삼위일체의 고백이 정립된 칼케돈 공의회(451년) 등 여러 회의를 거치게 되었다. 지금 우리가 믿는 신앙고백은 웨스트민스터 회의(1643-1649년) 기간에 작성되었다. 이것이 '대요리문답', '소요리문답'이며 지금의 신학과 교리의 근간이 된다.

사도 바울은 하늘에서 내려온 천사라 해도 다른 복음을 전한다면 싸우겠다고 했다. 칼빈은 우리의 교리가 얼마나 중요한지는 이단을 만나 봐야 안다고 하면서 진리의 중요성을 강조했다. 지금도 이단에 빠져 고통받는 사람들을 보면 정통 신학의 중요성을 뼈저리게 느끼게 된다.

사도 바울은 복음을 전할 때 자신의 복음의 정통성을 강조하면서 두 가지 근거를 들었다. 첫 번째는 예수 그리스도로부터 온 복음이라는 점과 두 번째는 자신이 가르치는 것에 대해 사도들과 교회가 인정했다는 점을 강조했다.

복음은 예수 그리스도를 바르게 아는 것이다. 그리고 교회의 역사와 전

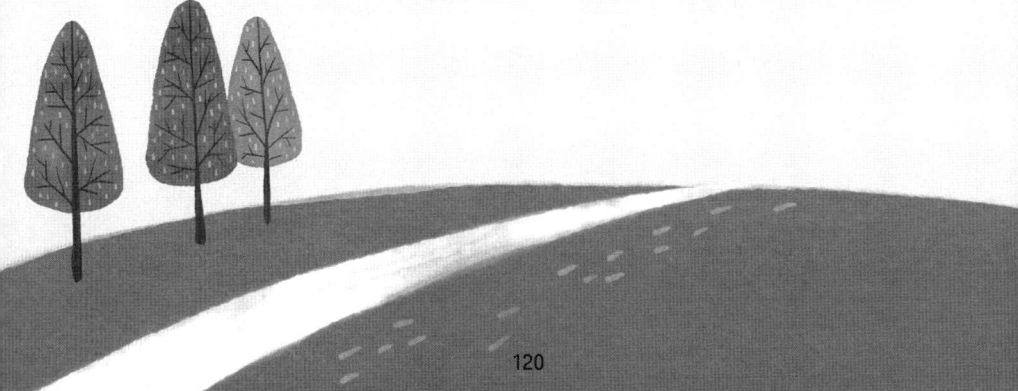

통 속에 세워진 신학과 교리로부터 인정받아야 한다. 이단은 이 둘에서 벗어난다. 예수님을 가장 많이 이야기하지만, 결국 예수님 자리에 자기 교주를 올려놓기 위해 역사와 전통 속에 세워진 교리를 부정하고 자신들의 정당성을 펼치고자 한다. 그러니 그들은 죽자 살자 교리와 신학을 부정하는 것이다.

51 복음을 전하는 삶

말씀 | 요한복음 9:32-33

창세 이후로 맹인으로 난 자의 눈을 뜨게 하였다 함을 듣지 못하였으니 이 사람이 하나님께로부터 오지 아니하였으면 아무 일도 할 수 없으리이다

    예수님이 태어날 때부터 앞을 못 보는 사람을 고쳐 주셨다. 이것은 창세 이후 없었던 일이다. 예수님은 그의 눈을 창조해 주셨다. 이 일은 사람들이 예수님을 하나님이 보내신 구원자로 확신하고 믿는 계기가 되었다.

    그런데 그날은 안식일이었다. 종교 지도자들은 안식일에 병을 고치는 것은 안식일을 범하는 중대한 죄라고 생각했다. 그래서 병을 고치되 안식일에는 그러지 말라고 강요하기도 했다. 그러나 예수님은 안식일의 참된 의미를 알려 주시기 위해 안식일에 자주 병을 고치셨다. 안식일은 치유되고 회복되는 날이어야 하기 때문이다. 안식일에는 쉼을 통해 육신이 회복되고, 예배를 통해 영이 회복되어야 한다. 또한 봉사와 섬김을 통해 다른 영혼의 회복과 치유를 도와야 한다.

    종교 지도자들은 앞을 못 보는 사람의 부모를 출교로 회유하고 협박했다. 예수님이 병을 고치신 사실을 축소하여 예수님을 믿지 못하게 하고자 했다. 유대 사회에서 출교가 되는 것은 사회적으로 사형선고를 받는 것과 같았다. 그 공동체에서 아무 일도 할 수 없을 정도로 강한 압박을 받았기 때문이다.

    눈을 뜨게 된 사람과 그의 부모 모두 유대인들의 겁박을 두려워했다. 부모는 아들이 앞을 보게 된 것에 대해 아들이 성인이니 그에게 직접 물어보

라고 했다. 종교 지도자들은 그에게 예수님은 하나님이 아니며, 안식일을 범한 죄인이라는 답을 하도록 강요했다. "이에 그들이 맹인이었던 사람을 두 번째 불러 이르되 너는 하나님께 영광을 돌리라 우리는 이 사람이 죄인인 줄 아노라 대답하되 그가 죄인인지 내가 알지 못하나 한 가지 아는 것은 내가 맹인으로 있다가 지금 보는 그것이니이다"(24-25절).

눈을 뜨게 된 사람은 강력한 협박에도 자신의 경험을 들어 예수님을 증언했다. 복음을 전할 때는 여러 지식이 필요하지 않다. 내가 만난 예수님, 내가 경험한 예수님을 그냥 그대로 전하면 된다. 이 사람은 예수님에 대한 지식이 많지 않았다. 그러나 자신이 경험한 한 가지, 전에는 볼 수 없었으나 예수님을 만나고 나서 지금은 보게 되었다는 것을 그대로 증언했다.

전도에서 가장 강력한 방법은 내가 보고 경험한 예수님을 그대로 전하는 것이다. 사도 바울도 가는 곳마다 자신이 만난 예수님을 증언했다. 우리 삶에 직접 다가오신 예수님을 그대로 전하는 것이 가장 강력한 복음 전도다.

더 깊은 묵상

1. 종교 지도자들의 반대에도 예수님은 왜 안식일에 병을 고치셨는가?

2. 내가 경험한 예수님을 어떻게 전해야겠는가?

오늘의 기도

고마우신 하나님 아버지, 주님이 제 인생을 만나 주신 귀한 경험을 전도의 기회로 삼아 예수님을 잘 전하게 하소서. 예수님의 이름으로 기도합니다. 아멘.

52 양의 문이 되신 예수님

말씀 | 요한복음 10:7

그러므로 예수께서 다시 이르시되 내가 진실로 진실로 너희에게 말하노니 나는 양의 문이라

요한복음 10장에는 예수님이 자신을 여러 가지 비유로 설명하시는 내용이 나온다. 그 첫 번째로, 예수님은 자신을 양이 드나드는 문에 비유하셨다. 문으로 들어가는 사람은 참 목자이며, 문으로 들어가지 않고 담이나 울타리를 넘는 사람은 도둑이고 강도다. 목자는 양의 문으로 들어가서 양의 이름을 부르고 양을 돌보며, 양은 그 목자의 음성을 듣고 목자인 줄 알고 따라가게 된다.

예수님은 문으로 오신 구원자이시다. 구약의 예언을 통해 오셔서 그 예언을 성취하신, 정통성을 가진 구원자이시다. 복음은 반드시 역사의 정통성과 일치해야 한다. 사도 바울은 다메섹에서 예수님을 만난 이후 아라비아로 갔다. 그리고 그 후 예루살렘으로 올라가서 사도들을 만났다. 바울이 사도들을 만나고자 했던 이유는 자신이 받은 복음과 사도들이 받은 복음이 같은 복음인지 확인해 보려는 것이었다.

복음은 정통성을 가져야 한다. 이 시대 많은 교회가 각기 다른 교단과 교파에 소속되어 있으나 이단이라고 하지는 않는다. 왜냐하면 복음의 정통성을 가지고 있기 때문이다. 이단은 예수님으로부터 온 복음, 사도들이 인정한 복음, 교회가 역사를 통해 확인한 복음이 아닌 거짓 복음을 전한다.

예수님은 자신을 양의 문이라고 하셨다. 문은 출입을 위해 존재한다. 하

루에도 몇 번씩 출입문을 사용하듯이, 나가고 들어오는 삶의 모든 것이 예수님을 통해서 이루어져야 한다. 이 말씀을 삶에 적용해 보면, 삶의 모든 순간마다 '예수님이라면 어떻게 하셨을까?'라는 태도로 예수님께 묻는 것이 중요하다. 즉, 모든 일이 예수님을 통해서 이루어지도록 기도하고 생각하고 행동해야 하는 것이다.

양이 복을 받는 비결은 양의 문으로 다니는 것이다. "내가 문이니 누구든지 나로 말미암아 들어가면 구원을 받고 또는 들어가며 나오며 꼴을 얻으리라"(9절). 양의 문으로 다닐 때 우리는 구원을 받고 꼴을 얻게 된다. 꼴은 양이 먹는 양식을 말한다. 예수님과 함께 시작하고 예수님과 함께 마치는 삶을 살면 우리는 영육 간의 일용할 양식을 공급받게 된다. 육신의 복도 양의 문으로 다닐 때 받게 된다. 양의 문으로 다니면 육의 양식만 공급받는 것이 아니라 영생을 받고 천국으로 들어가게 된다. 예수님은 양의 문이시자 천국 문이시며 하나님께로 가는 유일한 구원의 길이시다.

더 깊은 묵상

1. 양의 문으로 다닐 때 어떤 복을 받게 되는가?

2. 양의 문으로 다니는 삶을 살기 위해 새롭게 삶에 적용해야 할 부분은 무엇인가?

오늘의 기도

고마우신 하나님 아버지, 예수님만이 유일한 구원자이심을 믿고 고백합니다. 예수님과 늘 동행하는 믿음으로 살게 하소서. 예수님의 이름으로 기도합니다. 아멘.

53 생명을 풍성하게 하시는 예수님

말씀 | 요한복음 10:10
도둑이 오는 것은 도둑질하고 죽이고 멸망시키려는 것뿐이요 내가 온 것은 양으로 생명을 얻게 하고 더 풍성히 얻게 하려는 것이라

예수님은 이 땅에 오신 목적을 분명하게 말씀하셨다. 바로 우리에게 영원한 생명을 주시기 위해서다. 이 세상에서 가장 소중한 것은 생명이다. 예수님은 생명을 주신다. 영원히 살 수 있는 생명을 우리에게 주신다. 또한 예수님은 우리 안에 있는 생명을 더욱더 풍성하게 해 주신다. 생명이 있어도 병상에 있는 사람의 생명력과 청년의 생명력은 다르다. 우리 안에 있는 생명이 더욱더 풍성하여 생명력이 넘치게 하시기 위해 예수님이 오셨다.

모든 일에는 목적이 있다. 예수님은 그분이 오신 목적을 도둑이 오는 목적과 대조해서 설명하셨다. 도둑의 목적은 훔치고 멸망시키는 것이다. 남의 것을 빼앗아 자기 이익을 채우려는 자들은 처음에는 감언이설로 교묘하게 천사처럼 가장하지만 결국 훔치고 멸망시킨다.

이 시대에는 속이는 자들이 너무 많다. 보이스피싱 범죄자들을 그 예로 들 수 있다. 이들은 사람들을 망하게 하려는 도둑이고 강도다. 종교계에도 속이는 자들이 있다. 사람들을 속이는 것을 포교 전략으로 삼고 그 방법을 연구하는 이단도 있다. 이들을 한평생 만나지 않고 시험에 들지 않도록 기도해야 한다. 만나는 순간 패가망신하기 때문이다.

예수님은 우리에게 생명을 주시기 위해 이 땅에 오셨다. 그리고 더 풍성한 삶을 주시기 위해 이 땅에 오셨다. 죄와 수치, 정서적인 문제와 인생의

모든 짐으로부터 해방되어 행복한 삶을 풍성하게 누리게 하시기 위해 오신 것이다. 그러므로 예수님을 만나는 순간 우리 삶은 완전히 바뀌게 된다.

예수님을 믿으면 구원을 받는다. 예수님을 믿으면 이 땅에서 풍성한 삶을 누리게 된다. 예수님을 믿으면 이전과는 비교할 수 없는 영육 간의 풍성한 행복을 누리게 된다. 인생의 모든 답은 예수님께 있다. 예수님을 영접하면 그 안에서 영생을 얻고, 그 영생을 더 풍성하게 누리며 살아가게 된다.

더 깊은 묵상

1. 예수님이 이 땅에 오신 이유는 무엇인가?

2. 이단이나 사기꾼들에게 속지 않으려면 어떻게 해야겠는가?

오늘의 기도

고마우신 하나님 아버지, 저에게 영생을 주시고 그 영생을 더욱더 풍성하게 하시는 하나님을 찬양합니다. 날마다 풍성한 삶을 누리게 하소서. 예수님의 이름으로 기도합니다. 아멘.

54 선한 목자이신 예수님

말씀 | 요한복음 10:14-15
나는 선한 목자라 나는 내 양을 알고 양도 나를 아는 것이 아버지께서 나를 아시고 내가 아버지를 아는 것 같으니 나는 양을 위하여 목숨을 버리노라

예수님은 자신을 선한 목자라고 말씀하셨다. 선한 목자는 양에게 먹을 것을 주고, 가장 좋은 초장과 물가로 인도하며, 양을 위험에서 보호해 준다. 선한 목자는 위험한 상황이 닥치면 양을 위해 목숨을 버리지만, 삯꾼은 양을 버리고 도망간다.

예수님은 선한 목자이시며, 우리는 그분의 어린양이다. 선한 목자이신 예수님은 우리를 아신다. 우리의 이름을 불러 주신다. 그냥 삯을 받고 일하는 목자는 양의 숫자를 세어야 몇 마리가 없어졌는지 알지만, 양을 사랑하는 목자는 양이 몇 마리인지 잘 몰라도 우리에 어떤 양이 없는지 금방 안다. 양의 이름을 불러 주고, 양을 좋은 곳으로 이끌어 주기 때문에 양의 상황과 형편을 누구보다 잘 아는 것이다.

목자이신 예수님은 우리를 인도하신다. 우리를 십자가의 언약으로 부르시고, 일평생 인도하시며, 최종적으로는 주님이 예비해 두신 영원한 천국으로 인도해 주신다. 우리의 일생이 행복해지려면 좋은 인도자를 만나야 한다. 분별력과 지혜가 자라 우리 스스로 길을 결정할 때도 있지만, 대부분은 인도자의 인도함을 통해서 우리의 길을 가게 된다. 좋은 인도자가 없는 인생은 그만큼 많이 돌아가야 한다. 그만큼 많이 고생하게 되고, 때로는 정말 위험한 곳으로 갈 수도 있게 된다.

"우리는 다 양 같아서 그릇 행하여 각기 제 길로 갔거늘 여호와께서는 우리 모두의 죄악을 그에게 담당시키셨도다"(사 53:6). 우리는 바른길로 가지 못한다. 다 양 같아서 그릇 행하여 각기 제 길로 가는 일이 허다하다. 그럴 때마다 주님은 우리의 목자 되셔서 우리를 의의 길로 인도해 주신다.

의란 하나님의 기준에 도달하는 것을 말한다. 하나님은 그분이 원하시고 그분 보시기에 좋은 상태로 우리를 인도하신다. 의의 길로 인도하신다는 것은 우리가 예수님을 닮아 가고 하나님의 성품을 소유하며 거룩한 삶을 살게 하시는 것, 하나님 나라와 그의 의를 구하며 살게 하시는 것을 뜻한다. 하나님은 우리를 선하고 아름다운 존재로 만드셨고, 선한 길로 인도해 주신다.

이 선한 목자는 바로 우리 죄를 대속하시고 십자가를 지신 예수 그리스도이시다. 예수님은 우리 영혼을 구원하시기 위해 자기 목숨을 십자가의 대속 제물로 버리신 참된 목자이시다. 예수님은 우리를 사랑하셔서 그 길을 선택하셨다.

더 깊은 묵상

1. 선한 목자는 양을 위해 어떤 일을 하는가?

2. 선한 목자이신 예수님은 왜 양을 위해 목숨을 버리셨는가?

오늘의 기도

하나님 아버지, 선한 목자 되어 주시고 목숨까지 버려 저를 사랑해 주신 그 은혜에 감사합니다. 주님처럼 신실하게 사랑을 베푸는 믿음의 사람이 되게 하소서. 예수님의 이름으로 기도합니다. 아멘.

55 사랑에는 희생이 따른다

말씀 | 요한복음 11:16
디두모라고도 하는 도마가 다른 제자들에게 말하되 우리도 주와 함께 죽으러 가자 하니라

나사로가 심한 병이 들었다는 소식이 예수님께 전해졌다. 이 소식을 들으신 예수님은 "이 병은 죽을병이 아니라 하나님의 영광을 위함"(4절)이라고 말씀하셨다. 우리는 병들거나 연약하면 부끄러워하고 하나님께 영광이 되지 않는다고 생각하지만, 예수님은 우리의 질병과 연약함도 하나님의 영광이 되게 해 주신다.

나사로는 예루살렘 근처 베다니에 살았다. 나사로를 만나기 위해 예수님이 다시 유대 지방으로 가자고 말씀하시자 제자들이 반대했다. 얼마 전 그곳에 머물 때 유대인들이 예수님을 돌로 치려고 했기 때문이다. 예수님은 제자들에게 "낮에 다니면 이 세상의 빛을 보므로 실족하지 아니하고"(9절)라고 말씀하셨다. 여기서 "낮"은 실질적인 낮 시간대를 뜻하기도 하지만, 이 말씀은 아직 예수님이 고난받으시는 때가 되지 않았다는 뜻이기도 하다. 제자들이 유대로 다시 가기를 주저할 때 도마가 나섰다.

도마는 동료 제자들에게 주님이 그 길을 가시고자 한다면 주님과 함께 죽으러 가자고 했다. 죽더라도 주님이 가신다면 함께 가자는 말이었다. 이 말을 통해 당시 상황이 얼마나 살벌했는지, 나사로를 살리기 위해 유대로 다시 간다는 것이 심리적으로 얼마나 힘든 일이었는지 알 수 있다.

오늘 말씀에서 두 가지를 묵상해 본다. 첫째, 사랑에는 반드시 희생이 따

른다는 것이다. 나사로를 살리려면 돌로 치려고 하는 사람들이 있는 유대로 다시 들어가야 했다. 이 모험을 감내하는 것이 바로 사랑이다. 예수님은 나사로를 사랑하셔서 다시 유대로 가셨다.

둘째, 도마의 충성스러운 태도다. 도마는 스승이 가고자 하는 길을 따라가면 돌에 맞아 죽을 수도 있다는 것을 알면서도 주님과 함께 죽으러 가자고 했다. 나사로 때문에 유대로 다시 가는 것은 결코 유쾌한 일은 아니었다. 그러나 도마는 주님과 함께라면 죽음을 무릅쓰고서라도 기꺼이 그 길을 가고자 했다.

사랑은 모험하게 한다. 사랑은 위험을 감수하게 한다. 예수님은 나사로를 위해 다시 위험한 유대로 향하셨고, 도마는 나사로를 위해서는 아니더라도 예수님을 따르는 제자이기에 예수님의 뜻을 따라 동행했다. 위험한 줄 알아도 주님이 가시고자 하는 길이기에 기꺼이 나서는 도마의 모습에서 진정한 제자의 삶을 보게 된다.

더 깊은 묵상

1. 왜 제자들은 유대로 다시 가는 것을 주저했는가?

2. 도마의 태도에서 제자의 어떤 모습을 배울 수 있는가?

오늘의 기도

고마우신 하나님 아버지, 믿음 생활을 하는 가운데 신실하고 의리 있는 제자가 되게 하소서. 책임감 있고 충성스럽게 주님을 따르는 제자가 되기를 원합니다. 예수님의 이름으로 기도합니다. 아멘.

56 우시는 예수님

말씀 | 요한복음 11:32-35

마리아가 예수 계신 곳에 가서 뵈옵고 그 발 앞에 엎드리어 이르되 주께서 여기 계셨더라면 내 오라버니가 죽지 아니하였겠나이다 하더라 예수께서 그가 우는 것과 또 함께 온 유대인들이 우는 것을 보시고 심령에 비통히 여기시고 불쌍히 여기사 이르시되 그를 어디 두었느냐 이르되 주여 와서 보옵소서 하니 예수께서 눈물을 흘리시더라

예수님이 나사로가 사는 동네에 도착하셨다. 하지만 그때는 이미 나사로가 죽은 지 4일이나 지난 후였다. 예수님은 나사로를 살릴 능력이 있으신 분이며, 나사로를 살리시기로 이미 결정하셨다. 그런데 예수님은 나사로의 무덤에서 눈물을 흘리셨다. 사람들은 그 모습을 보고 예수님이 나사로를 얼마나 사랑하셨는지 가늠했다. 나사로를 너무나도 사랑하셔서 우신다고 생각한 것이다.

예수님은 왜 우셨을까? 잠시 후에 나사로를 다시 살리실 텐데 왜 눈물을 흘리셨을까? 예수님은 죄로 인해 인간이 죽음이라는 고통을 받는 것을 보면서 슬퍼하신 것이다. 질병과 죽음으로 고통받는 이들을 보면서 눈물을 흘리신 것이다. 예수님은 나사로의 죽음으로 슬퍼하는 가족들을 보면서 비통한 마음을 가지셨고, 그들의 고통과 슬픔에 깊이 공감하셨다. 죽음은 슬프다. 우리에게는 천국이 있고, 마지막 날에 육신의 부활과 영원한 삶이 기다리고 있지만 죽음은 슬프다.

다른 사람들과 함께 살아가려면 노력할 것들이 많다. 우선 감정적으로는 공감 능력을 갖추는 것이 중요하다. 공감은 기쁠 때 함께 기뻐하고, 슬플 때 함께 슬퍼하는 것을 말한다. 그런데 세상이 각박할수록 타인의 감정에는 관심을 두지 않는다. 오히려 타인이 기뻐하면 재를 뿌리고, 슬퍼하면

놀리려는 악한 마음을 갖는다. 이것은 말세의 징조다.

예수님은 악한 세대를 이렇게 표현하셨다. "우리가 너희를 향하여 피리를 불어도 너희가 춤추지 않고 우리가 슬피 울어도 너희가 가슴을 치지 아니하였다 함과 같도다"(마 11:17). 타인의 감정에 전혀 공감하지 않고 돌처럼 단단한 마음을 가진 세대를 악한 세대라고 하셨다. 예수님은 우는 사람들과 함께 우시는 분이다. 슬픔을 함께 공감하는 것은 한 가족, 한 형제로서 마땅한 도리다. 성도들이 잘될 때는 함께 기뻐하고, 힘들어할 때는 함께 슬퍼하는 것이 믿음의 가족이다.

우리는 가족과 믿음의 성도들을 향해 사랑의 마음을 더 많이 가져야 한다. 그리고 그들의 감정을 더 많이 헤아려야 한다. 이것이 예수님을 닮은 성숙한 그리스도인의 자세다.

더 깊은 묵상

1. 예수님은 왜 우셨는가?

2. 나는 가족과 성도들에게 어떤 부분에서 공감 능력을 더 키워야 하는가?

오늘의 기도

고마우신 하나님 아버지, 슬퍼하는 사람과 함께 슬퍼하고, 기뻐하는 사람과 함께 기뻐하는 공감이 풍성한 믿음의 사람이 되게 하소서. 예수님의 이름으로 기도합니다. 아멘.

57 부활과 생명은 예수님께 있다

말씀 | 요한복음 11:23-26
예수께서 이르시되 네 오라비가 다시 살아나리라 마르다가 이르되 마지막 날 부활 때에는 다시 살아날 줄을 내가 아나이다 예수께서 이르시되 나는 부활이요 생명이니 나를 믿는 자는 죽어도 살겠고 무릇 살아서 나를 믿는 자는 영원히 죽지 아니하리니 이것을 네가 믿느냐

예수님은 마르다와 함께 죽은 사람의 부활에 관해 이야기를 나누셨다. 마르다는 마지막 날 부활 때에 예수님이 나사로를 다시 살아나게 하실 것을 믿는 믿음이 있었다. 그러나 지금은 아니라고 생각했다.

"나를 믿는 자는 죽어도 살겠고"라는 예수님의 말씀은 마치 지금 나사로를 살리실 것이라는 말씀 같다. 그런데 "무릇 살아서 나를 믿는 자는 영원히 죽지 아니하리니"라는 말씀은 조금 의아하다. 왜냐하면 다시 살아난 나사로도 나중에 죽었고, 예수님을 믿었던 조상들도 모두 죽었는데, 살아서 믿는 자는 영원히 죽지 않는다는 말씀이 무슨 뜻일까?

예수님을 믿는 사람은 하나님 앞에서 살아 있다. 하나님과의 관계가 단절되는 것은 영적 죽음을 뜻하는데, 예수님을 믿는 사람은 육신을 입고 있든지, 육신을 벗든지 하나님과의 관계가 단절되지 않는다. 그래서 하나님 앞에서는 늘 살아 있는 것이다.

육신을 입은 사람의 관점에서 보면 죽음은 이별이지만, 하나님 앞에서 보면 육신을 입고 있을 때도 하나님 앞에서 살아 있고, 육신을 벗을 때도 하나님 앞에서 살아 있으며, 예수님이 재림하실 때는 예수님처럼 변화되고 부활하여 영원히 살아 있을 것이다. 하나님 앞에서 아브라함과 이삭과 야곱도 살아 있으며, 하나님은 살아 있는 사람의 하나님이시라고 예수님

은 말씀하셨다.

지금 우리보다 앞서 육신을 벗은 선조들은 육신의 관점에서 보면 그들의 몸은 죽어 있고 부활을 기다린다. 그러나 그들의 영은 하나님 앞에서 지금도 살아 있고, 하나님 나라에 있다. "죽은 자가 살아난다는 것은 모세도 가시나무 떨기에 관한 글에서 주를 아브라함의 하나님이요 이삭의 하나님이요 야곱의 하나님이시라 칭하였나니 하나님은 죽은 자의 하나님이 아니요 살아 있는 자의 하나님이시라 하나님에게는 모든 사람이 살았느니라 하시니"(눅 20:37-38).

우리는 육신으로 있을 때나 육신 밖에 있을 때나 하나님과의 관계가 예수님의 보혈로 이어져 다시는 끊어지지 않기에, 영원한 심판인 지옥 권세의 죽음을 피하게 된다. 물론 육신이 이 땅의 흙에 묻힐 때가 올 것이나, 주님은 흙에 묻힌 육신조차도 살아나고, 나사로를 다시 살리듯이 모든 사람을 살려 부활하신 예수님처럼 회복시키는 날이 올 것을 약속하셨다.

더 깊은 묵상

1. 예수님이 재림하실 때 먼저 육신이 잠든 성도들은 어떻게 되는가?

2. "하나님에게는 모든 사람이 살았느니라"라는 말씀에서 무엇을 느꼈는가?

오늘의 기도

하나님 아버지, 예수님을 믿는 믿음으로 하나님 앞에서 산 자가 되게 하시니 감사합니다. 육체의 부활을 믿습니다. 영원히 사는 것을 믿습니다. 영생을 주신 하나님께 감사합니다. 예수님의 이름으로 기도합니다. 아멘.

58 믿으면 영광을 보리라

말씀 | 요한복음 11:40
예수께서 이르시되 내 말이 네가 믿으면 하나님의 영광을 보리라 하지 아니하였느냐 하시니

    예수님은 나사로를 살리고자 하셨다. 예수님 자신이 죽음의 권세를 이기는 하나님의 아들임을 나타내시기 위함이었다. 또 마르다의 집에 기쁨을 주시기 위함이었다. 예수님이 무덤을 막아 놓은 돌을 옮기라고 하시자, 마르다는 "주여 죽은 지가 나흘이 되었으매 벌써 냄새가 나나이다"(39절)라고 하며 예수님을 말렸다. 그러자 예수님은 "믿으면 하나님의 영광을 보리라"라고 말씀하셨다.

    예수님이 "나사로야 나오라"(43절) 하고 부르시자 놀라운 일이 일어났다. 나사로가 다시 살아난 것이다. 예수님은 죽은 나사로를 말씀으로 살려 주셨다. 예수님은 생명을 주관하시는 참 하나님이시기 때문이다. 사람을 죽일 수도 있고, 살릴 수도 있으며, 지옥에 던질 수도 있고, 천국으로 인도할 수도 있는 능력이 있는 분이 예수님이시다.

    사실 무덤을 막아 놓은 돌을 옮기라면서 "믿으면 하나님의 영광을 보리라"라고 하시는 주님의 말씀을 그대로 아멘 하며 믿을 수 있는 사람이 얼마나 되겠는가? 왜 우리는 이런 기적을 믿지 못하는 것인가? 그것은 죽음 자체가 우리에게 주는 강도가 너무 크기 때문이다. 그리고 죽음을 예수님의 관점에서 해석하지 않고 우리 이성으로 판단하려고 하기 때문이다.

    "예수께서 이르시되 풀어 놓아 다니게 하라 하시니라"(44절). 예수님이 나

사로를 살리시고, 풀어서 다니게 하라고 하신 이 말씀에는 복음이 함축되어 있다. 죄로 인해 죽을 수밖에 없는 인생, 그리고 모든 사슬에 묶여 움직일 수조차 없는 영혼을 새롭게 살리시고 그들에게 참 자유를 주시는 예수님의 사역이 잘 나타나고 있다. 죽은 사람은 묶어 두어야 하지만, 살아 있는 사람은 풀어서 활동하게 해야 한다. 이것이 복음이다.

사람들에게 예수 그리스도를 통해 꿈과 용기와 생명을 주어, 역동성과 생동감, 열정을 다시 갖게 해야 한다. 그리고 더는 움츠러들지 않고 생명이 생명답게 약동하며 힘을 내도록 도와야 한다. 이것이 교회와 그리스도인들의 사명이다. 우리 주변에는 여전히 죄의 권세에 얽매여 움츠러든 사람이 많다. 이들이 다시 예수 그리스도를 만나 새로운 생명을 얻고, 주님이 주시는 성령의 능력에 힘입어 역동적으로 살아가도록 기도하고 용기를 주어야 한다.

더 깊은 묵상

1. "믿으면 하나님의 영광을 보리라"라는 말씀을 나의 삶에 어떻게 적용할 수 있겠는가?

2. "풀어 놓아 다니게 하라"라는 말씀에 담긴 복음의 의미를 묵상해 보라.

오늘의 기도

고마우신 하나님 아버지, 죽음에서 살리시고 생명을 주시는 예수님의 크신 능력을 믿습니다. 모든 고난과 고통에서 다시 일으켜 주시고, 믿음으로 주님이 주시는 영광을 경험하게 하소서. 예수님의 이름으로 기도합니다. 아멘.

59 예수님을 향한 두 가지 관점

말씀 | 요한복음 12:3

마리아는 지극히 비싼 향유 곧 순전한 나드 한 근을 가져다가 예수의 발에 붓고 자기 머리털로 그의 발을 닦으니 향유 냄새가 집에 가득하더라

유월절 엿새 전에 예수님이 베다니에 가셨는데, 시몬의 집에 계실 때 마리아가 향유를 가지고 와서 예수님께 부었다. 그것은 그녀가 평생 모았던 귀한 향유였다. 향유를 부은 것은 예수님의 장례를 준비하는 일이자 가장 소중한 것을 드려 예수님을 경배하는 예배의 행위였다.

모든 제자가 예수님의 십자가 죽음을 믿지 않았지만, 마리아는 예수님의 죽으심을 준비하기 위해 향유를 부었다. 그 현장을 보고 예수님의 제자 중에 가룟 유다는 향유를 300데나리온에 팔아 가난한 사람들에게 주지 않고 왜 이렇게 낭비하냐며 마리아를 책망했다. 그의 말투에는 '어떻게 저렇게 낭비하는 것을 보고 가만히 계십니까?'라는 예수님을 향한 항의가 담겨 있다.

노동자의 1년 품삯의 가치가 있는 향유를 한순간에 모두 부어 버렸으니, 마리아로서는 엄청난 일을 한 것이 분명했다. 그러나 가룟 유다는 향유를 예수님께 사용한 것이 잘못되었다고 생각했다. 예수님을 향한 마리아와 가룟 유다의 관점은 분명한 차이가 있다.

첫째, 예수님은 나에게 누구신가라는 신앙고백에 차이가 있다. 마리아는 예수님이 자신의 죄를 용서하시고 자신을 구원하실 하나님의 아들이심에 대한 분명한 신앙고백이 있었다. 그러나 가룟 유다는 예수님을 구원자로 믿지 않고, 로마에서 정치적인 해방을 가져다줄 동료 정도로 이해했다. 그

래서 값비싼 향유로 예수님을 섬기는 것은 낭비라고 생각한 것이다. 그가 예수님을 구원자로 알았다면 향유를 낭비로 생각하지는 않았을 것이다.

둘째, 사랑의 태도에 차이가 있다. 마리아는 예수님을 사랑했지만 가룟 유다는 그렇지 않았다. 마리아에게 예수님은 죽은 나사로를 살려 주신 분이었고, 또 자신의 생명을 구원해 주실 분이었다. 마리아는 모든 것을 드려도 아깝지 않을 만큼 예수님을 사랑했다. 이것이 예배자, 곧 성도가 가져야 할 태도다. 우리는 예수님을 이렇게 사랑해야 한다.

예수님은 한평생 가난한 사람, 죄인, 병자, 장애가 있는 사람의 친구로 사셨다. 그리고 우리를 구원하시고 영생을 주시기 위해 하나님의 어린양으로서 십자가를 지러 가셨다. 그 길을 준비한 마리아처럼 우리도 전심으로 예수님을 섬겨야 한다.

더 깊은 묵상

1. 예수님을 향한 마리아와 가룟 유다의 관점은 어떤 차이가 있는가?

2. 향유를 부은 마리아의 모습에서 예배자로서 본받을 부분은 무엇인가?

오늘의 기도

고마우신 하나님 아버지, 예수님은 저의 구원자이시며 주님이십니다. 저의 모든 것을 드려 섬겨도 아까울 것이 없는 귀한 분이심을 고백합니다. 주님의 사랑으로 충만하게 하소서. 예수님의 이름으로 기도합니다. 아멘.

60 어린 나귀를 타신 왕

말씀 | 요한복음 12:13-14
종려나무 가지를 가지고 맞으러 나가 외치되 호산나 찬송하리로다 주의 이름으로 오시는 이 곧 이스라엘의 왕이시여 하더라 예수는 한 어린 나귀를 보고 타시니

　예수님이 십자가 죽음을 위해 예루살렘에 입성하신 날을 기념하는 절기를 '종려주일'이라고 한다. 예수님이 입성하실 때 많은 사람이 종려나무 가지를 흔들며 환영한 데서 붙여진 이름이다.

　예수님은 예루살렘에 입성하실 때 어린 나귀를 타셨다. 일반적으로 왕들은 화려한 마차를 타고 권위적인 모습으로 성에 들어가는데, 그와 반대인 예수님의 모습은 초라해 보일 수도 있었다. 그러나 예수님은 어린 나귀를 타셨다. 예수님이 나귀를 타신 것은 말씀에 순종하시기 위함이었고, 또 메시아로서 예언을 성취하시기 위함이었다. "이는 기록된 바 시온 딸아 두려워하지 말라 보라 너의 왕이 나귀 새끼를 타고 오신다 함과 같더라"(15절).

　어린 나귀를 타고 입성하신 예수님의 모습에는 겸손이 있다. 예수님은 군림하러 오신 것이 아니라 섬기러 오셨으며 자신을 죽기까지 낮추신 분이다. 예수님의 대표적인 성품은 온유와 겸손이다. 겸손은 스스로 겸손한 척하려고 한다고 되는 것이 아니다. 그 마음 깊은 곳에서부터 다른 사람을 섬기고 존중하고자 하는 태도가 있을 때 저절로 나타나는 것이다.

　인간에게 가장 힘든 일 중 하나가 겸손이다. 자랑하고 싶은 마음이 늘 있기 때문이다. 그래서 진정한 겸손이 힘든 것이다. 세상의 왕들은 가장 화려한 모습으로 등장하지만, 만왕의 왕이시며 우리의 구원자 되신 예수님

은 겸손의 상징인 어린 나귀를 타고 성으로 들어오셨다. 절대 군림하거나 억압하지 않고 오직 사랑으로 우리를 섬기기 위해 오셨다. 그리고 십자가에서 자신을 내어 주시기 위해 오셨다. 우리의 왕이신 예수님은 이처럼 겸손의 왕, 섬김의 왕으로 오셨음을 기억해야 한다.

더 깊은 묵상

1. 예수님은 왜 어린 나귀를 타고 예루살렘에 입성하셨는가?

2. 예수님의 성품을 삶에 어떻게 적용해야겠는가?

오늘의 기도

고마우신 하나님 아버지, 겸손의 왕, 섬김의 왕으로 오신 주님을 찬양합니다. 저를 구원하시기 위해 십자가에서 대속 제물이 되어 주신 예수님을 찬양합니다. 예수님의 이름으로 기도합니다. 아멘.

61 한 알의 밀

말씀 | 요한복음 12:24
한 알의 밀이 땅에 떨어져 죽지 아니하면 한 알 그대로 있고 죽으면 많은 열매를 맺느니라

    예수님은 땅에 떨어져 죽어야 많은 열매를 맺게 되는 한 알의 밀에 대해 말씀하셨다. 이 말씀을 그대로 해석하면, 희생을 통한 성장, 희생을 통한 변화를 의미한다고 볼 수 있다.

    예수님이 이 말씀을 하셨던 때는 나귀를 타고 예루살렘에 입성하신 이후 십자가를 지시기 며칠 전이었다. 헬라인 몇 명이 빌립에게 예수님을 만나게 해 달라고 요청했는데, 이에 빌립이 안드레에게 가서 말하고 안드레와 빌립이 예수님께 그 말을 전했다. 그러자 예수님이 헬라인들에게 한 알의 밀에 대해 말씀하신 것이다.

    여기서 몇 가지 문제를 생각해 볼 수 있다. 헬라인은 이방인이다. 이들은 이방인으로서 율법을 믿고 유대교로 개종한 사람들로 보인다. 이들이 예수님을 만나고 싶어 하자, 빌립이 안드레에게 가서 의논하고 둘이 함께 이들을 예수님께 데리고 가는 것을 보게 된다. 이방인에 대한 당시 유대인의 태도가 어떠한지를 알면 이 만남이 쉽게 성사된 만남이 아니라는 것을 알게 된다.

    땅에 떨어져서 죽는 한 알의 밀은 예수님을 말씀하시는 것이다. 많은 열매를 맺는 것은 이방인의 구원을 말씀하시는 것이다. 즉, 예수님의 십자가 죽음을 통해 지금 찾아온 헬라인들을 비롯해 많은 인류가 구원을 얻게 되

고, 복음이 땅끝까지 전파될 것을 말씀해 주신 것이다.

예수님은 우리 죄를 용서하시고 구원을 주시기 위해 십자가의 길을 걸으시며 한 알의 밀이 되어 죽으셨다. 그리고 예수님을 따르는 제자들의 삶의 태도에 대해서도 말씀해 주셨다. "자기의 생명을 사랑하는 자는 잃어버릴 것이요 이 세상에서 자기의 생명을 미워하는 자는 영생하도록 보전하리라"(25절).

우리는 예수님처럼 복음을 위해 한 알의 밀처럼 희생하며 섬길 수 있어야 한다. 우리의 보상은 천국에서 주님을 통해 받게 될 것이다. 이 땅의 영광을 포기할 때 우리는 밀알이 될 수 있다. 결코 쉬운 길은 아니지만 하나님의 영광을 위해 우리는 밀알의 삶을 살아가야 한다.

더 깊은 묵상

1. 한 알의 밀처럼 살아간다는 것은 어떤 모습인가?

2. 세계 복음화를 위해 힘을 다하는 선교사님들을 위해 기도하는 시간을 가져 보라.

오늘의 기도

고마우신 하나님 아버지, 저를 위해 희생하신 주님처럼 복음을 위해, 교회를 위해, 하나님의 영광을 위해 희생하고 섬기는 밀알이 되게 하소서. 예수님의 이름으로 기도합니다. 아멘.

62 끝까지 사랑하신 예수님

말씀 | 요한복음 13:1

유월절 전에 예수께서 자기가 세상을 떠나 아버지께로 돌아가실 때가 이른 줄 아시고 세상에 있는 자기 사람들을 사랑하시되 끝까지 사랑하시니라

    예수님은 자신이 세상을 떠나 아버지께로 가실 때가 된 것을 아셨다. 그때 예수님이 하신 행동은 자기 사람들을 끝까지 사랑하신 것이었다. "끝까지 사랑하시니라"라는 말씀은 공동번역에는 "더욱 극진히 사랑해 주셨다"라고 기록되어 있고, NIV에는 "the full extent of his love"라고 기록되어 있다. 이 말씀은 '할 수 있는 한 최선을 다한 사랑', '모든 것이 다 나타난 사랑'이라고 설명할 수 있다. 사랑에 한계가 없으시고 사랑 그 자체이신 예수님은 늘 제자들을 사랑해 주셨지만, 마지막 때는 특별히 극진히 사랑해 주셨다.

    사랑은 여러 종류가 있다. 우리가 말하는 대부분의 사랑은 감정에 기초한 사랑이다. 그런데 이 사랑은 유효 기한이 있어서 감정이 식으면 사랑도 식는다.

    다음은 지식에 기초한 사랑이다. 우리는 사랑하는 사람을 알아 가면서 서로 기쁨을 나눈다. 사랑에는 지성적인 요소가 필요하다. 새롭게 알게 될 때 사랑은 새로워진다.

    가장 수준 높은 사랑은 의지가 동반된 사랑이다. 상대방의 상태와는 상관없이 의지적으로 행하는 사랑을 말한다. 부모의 사랑이나 인격적으로 성숙한 이들이 실천하는 사랑을 예로 들 수 있다.

하나님과의 사랑은 언약의 사랑으로 말씀의 약속에 근거한다. 예수님은 상대방의 상태와는 상관없이 하나님의 말씀에 근거해서 사랑을 베푸신다. 이 사랑은 절대 변하지 않는다. 사랑하기로 결심하셨기에 그 사랑을 실행하시는 것이다. 예수님은 사랑받을 자격이 없는 우리를 하나님의 자녀가 되었기에 사랑해 주신다. 그러나 자녀의 자격을 잃을 정도로 멀리 떠나 있어도 언약의 사랑으로 여전히 우리를 사랑해 주신다.

그리스도인들의 사랑은 언약의 사랑이 되어야 한다. 상대방의 상태에 따라 쉽게 변하는 사랑이 아니라, 주님이 내게 주신 사람들을 할 수 있는 한 최선을 다해 섬기는 사랑의 태도를 지녀야 한다. 사랑은 한평생 배우고 한평생 나누며 살아야 한다. 참된 사랑은 사랑이신 예수님을 닮아 가면서 배울 수 있다.

더 깊은 묵상

1. 십자가를 지시기 전에 예수님의 사랑은 제자들에게 어떻게 나타났는가?

2. 예수님의 사랑을 가족과 이웃들에게 어떻게 나눌 수 있겠는가?

오늘의 기도

고마우신 하나님 아버지, 제 상태와는 상관없이 언약에 근거하여 저를 끝까지 사랑해 주시는 예수님을 찬양합니다. 예수님의 사랑을 배우는 제자가 되게 하소서. 예수님의 이름으로 기도합니다. 아멘.

63 제자들의 발을 씻어 준 스승

말씀 | 요한복음 13:13-15

너희가 나를 선생이라 또는 주라 하니 너희 말이 옳도다 내가 그러하다 내가 주와 또는 선생이 되어 너희 발을 씻었으니 너희도 서로 발을 씻어 주는 것이 옳으니라 내가 너희에게 행한 것같이 너희도 행하게 하려 하여 본을 보였노라

    예수님은 저녁 식사 중에 수건을 허리에 두르시고 대야에 물을 떠서 제자들의 발을 씻어 주셨다. 베드로는 자기 차례가 되자 그럴 수 없다고 강하게 저항했다. 당시 문화에서 발을 씻어 주는 것은 종이 주인을 섬길 때 하는 행동인데, 스승이신 예수님이 자기 발을 씻어 주신다니 제자로서는 도저히 받아들일 수 없는 일이었다.
    제자들의 완강한 반대에도 예수님은 그들의 발을 씻어 주셨다. 예수님이 하신 일을 그들도 실천하게 하려고 본을 보여 주신 것이었다. 이 말씀을 묵상하면서 스스로 이렇게 질문해 볼 수 있다. '나는 다른 사람의 발을 씻어 주는 제자의 삶을 살고 있는가?'
    우리는 제자의 삶을 살기에 너무나도 부족한 모습일 때가 많다. 남들이 나를 조금이라도 무시하는 것 같으면 분노하며 견딜 수 없어 하고, 남들이 나를 알아주고 섬겨 주면 당연하다고 생각한다. 그런데 다른 사람의 발을 씻어 줄 만큼의 섬김의 자세로 사는 것은 결코 쉬운 일이 아니다. 예수님은 이 어려운 일을 제자들에게 직접 보여 주시면서, 스승으로서 본을 보였으니 그들도 그렇게 살아야 한다고 당부해 주셨다.
    우리는 온전하지 않다. 겸손과 낮아짐, 섬김의 모습을 보여 주신 예수님을 닮아 가려고 노력하지만 여전히 실패하고 좌절할 수 있다. 사랑을 배우

고 실천하지만 여전히 부족할 수 있다. 그래도 우리는 계속해서 제자의 삶을 살아야 한다. 서로의 연약한 부분을 돌봐 주고, 서로의 발을 씻어 주며, 또 발을 씻어 주려고 할 때는 발을 내밀 수 있는 것, 이것이 예수님의 제자가 되는 길이다.

더 깊은 묵상

1. 베드로는 예수님이 발을 씻어 주신다고 하실 때 왜 강하게 반대했는가?

2. 예수님이 보여 주신 섬김의 본을 통해 무엇을 깨달았는가?

오늘의 기도

고마우신 하나님 아버지, 저는 대접받고 존중받기를 너무 좋아합니다. 다른 사람을 위해, 특히 저보다 못한 사람을 위해 희생하는 것은 너무 힘듭니다. 이 욕심을 내려놓고, 발을 씻어 주신 주님의 섬김을 배우게 하소서. 예수님의 이름으로 기도합니다. 아멘.

64　사랑이 모든 것을 말해 준다

말씀 | 요한복음 13:34-35

새 계명을 너희에게 주노니 서로 사랑하라 내가 너희를 사랑한 것같이 너희도 서로 사랑하라 너희가 서로 사랑하면 이로써 모든 사람이 너희가 내 제자인 줄 알리라

예수님은 십자가를 지시기 전에 여러 가지 일을 하셨다. 제자들의 발을 씻어 주시고, 유월절 만찬을 통해 예수님의 살과 피를 기념하게 하신 것이 대표적인 일이다. 이 모든 일은 예수님이 제자들을 사랑하신다는 것을 보여 준다.

예수님은 "서로 사랑하라"는 새 계명을 주시면서 사랑이야말로 참된 제자의 자격임을 알려 주셨다. 예수님은 사랑이시다(요일 4:8). 우리가 사랑을 알지 못하면 예수님을 알 수도 없고 이해할 수도 없다. 그러나 모든 것을 사랑의 관점으로 보면 예수님을 더 잘 알고 더 잘 이해할 수 있게 된다.

예수님의 사랑을 가장 잘 설명할 수 있는 일은 십자가에서 보이신 자기희생일 것이다. 예수님은 우리를 너무나도 사랑하셔서 자기 목숨을 십자가에 기꺼이 내어놓으시고, 온갖 모욕과 고난 가운데서도 우리에게 모든 것을 다 주셨다. 이러한 자기희생의 모습이야말로 예수님이 보여 주신 사랑의 핵심이라고 생각한다.

예수님을 닮은 사람들은 사랑하는 사람을 위해 자신을 희생할 줄 안다. 이 희생은 섬김, 봉사, 존중, 물질과 시간의 헌신, 은사의 헌신 등 다양한 모습으로 나타난다. 사랑은 우리가 예수님을 닮아 갈 때 나타나며, 성령님이 우리에게 강력하게 임재하실 때 열매 맺게 된다. 우리는 주님께 배운 사

랑으로 성도들을 섬기고, 예수님의 구원이 필요한 사람들을 위해 희생할 수 있다. 사랑으로 희생하며 주님의 영광을 나타낼 때, 세상 사람들은 우리가 예수님의 제자인 것을 말하지 않아도 알게 될 것이다.

누군가를 사랑하고 섬긴다는 것은 참 어려운 일이다. 그렇지만 그 일을 멈추면 안 된다. 우리는 예수님의 제자이기 때문이다. 예수님의 신실한 제자이기를 원한다면 사랑을 실천해야 한다. 사랑이 많아지면 세상에 희망도 많아지게 된다.

더 깊은 묵상

1. 우리가 말하지 않아도 예수님의 제자인 것이 증명되는 방법은 무엇인가?

2. 가족과 성도들을 위해 사랑을 실천할 수 있는 방법을 생각해 보라.

오늘의 기도

하나님 아버지, 죄인인 저를 사랑하셔서 십자가의 죽음으로 구원을 베푸신 예수님의 사랑에 감사합니다. 주님의 사랑을 배우고 실천하는 신실한 제자가 되게 하소서. 예수님의 이름으로 기도합니다. 아멘.

65 나 있는 곳에 너희도 있게 하리라

말씀 | 요한복음 14:1-3
너희는 마음에 근심하지 말라 하나님을 믿으니 또 나를 믿으라 내 아버지 집에 거할 곳이 많도다 그렇지 않으면 너희에게 일렀으리라 내가 너희를 위하여 거처를 예비하러 가노니 가서 너희를 위하여 거처를 예비하면 내가 다시 와서 너희를 내게로 영접하여 나 있는 곳에 너희도 있게 하리라

우리는 미래에 대한 염려가 있다. 내일뿐만 아니라 죽은 이후에 대한 염려도 있다. 모든 미래에 대한 염려가 있는 것이다. 예수님이 십자가를 지려고 하실 때 제자들에게 미래에 대한 염려가 밀려왔다.

예수님은 마음에 근심하지 말고 하나님을 믿고 또 예수님을 믿으라고 하셨다. 염려가 밀려올 때 우리는 믿음 위에 서야 한다. 염려는 예수님을 향한 믿음이 부족할 때 생긴다. 예수님은 우리를 위해 거처를 예비하고, 그 거처로 우리를 인도하신다는 약속의 말씀을 주셨다. 이 말씀은 삶의 궁극적인 목적을 어디에 두어야 하는지 잘 알려 준다.

우리는 천국을 사모하며 살아야 한다. 온종일 열심히 일하고 난 후 집으로 향할 때의 기쁨을 생각해 보라. 집에 가면 씻을 수 있는 물과 맛있는 음식이 있고, 사랑하는 가족이 나를 기다리고 있을 수도 있다. 이런 집으로 돌아가는 기쁨으로 천국을 사모해야 한다.

예수님은 주님 계신 곳에 우리도 있게 하겠다고 하셨다. 얼마나 영광스럽고 아름다운 일인가? 우리 삶의 궁극적인 목적은 이 땅에 머무는 것이 아니라 주님의 나라에 들어가는 것이어야 한다. 그리고 주님이 부르시는 그날까지 최선을 다해 복음을 전하고, 하나님의 뜻을 나타내는 삶을 살아야 한다.

우리는 이 땅에서의 삶, 이 땅에서 이룬 모든 것이 영원할 것처럼 살 때가 있다. 그러나 우리는 주님이 부르시면 이 땅의 모든 것을 내려놓고 천국으로 향해야 한다. 마치 어린 시절, 밖에 나가서 놀다가 엄마가 밥 먹으라고 부르시면 하던 것을 모두 내려놓고 집으로 갔던 것처럼 주님의 부르심에 순종해야 한다.

천국이 있기에 이 땅에서 더 열심히 살 소망이 있는 것이다. 좀 더 손해 보고, 좀 더 양보하고, 좀 더 참아야 하면 어떤가? 우리에게는 천국이 있지 않은가? 먼 나라로 여행을 가기 위해 길을 떠나는 사람은 공항으로 가는 버스가 조금 불편하다고 해서 불평을 늘어놓지는 않을 것이다. 우리 삶이 그러해야 한다.

주님 계신 곳에 우리도 있기를 원한다. 그때까지 우리는 더 열심히 살아야 한다. 주님이 우리에게 주신 학업과 직장과 사업과 가정에서 최선의 삶을 살아가는 것 또한 우리의 사명이다.

더 깊은 묵상

1. 미래에 대한 염려가 밀려올 때 우리가 해야 할 일은 무엇인가?

2. 우리의 마지막이 영광스러운 천국이라는 사실을 묵상하면 어떤 삶을 살아야겠다는 생각이 드는가?

오늘의 기도

고마우신 하나님 아버지, 이 땅의 수고를 다 마친 후 사랑하는 주님과 함께 있게 될 영원한 천국을 사모합니다. 육체의 영광스러운 부활의 때를 사모합니다. 주님의 나라를 사모하며 오늘도 열심히 살게 하소서. 예수님의 이름으로 기도합니다. 아멘.

66. 하나님께로 가는 길

말씀 | 요한복음 14:6
예수께서 이르시되 내가 곧 길이요 진리요 생명이니 나로 말미암지 않고는 아버지께로 올 자가 없느니라

 우리가 죄 사함을 받고 구원받아 천국 영생을 누리는 유일한 방법은 예수님을 믿는 것이다. 예수님은 하나님께로 가는 유일한 길이자 진리이자 생명이시다. 예수님은 하나님에게서 오셨으며 하나님과 우리 사이의 중보자가 되셨다.

 종교 다원주의자들은 모든 종교에 구원이 있으며 구원받는 방법 또한 여러 가지가 있다고 말한다. 이들의 주장은 거짓이다. 하나님께로 갈 수 있는 유일한 길은 예수님이시다. 기독교는 예수님을 하나님으로 믿는 종교다. 예수님만이 하나님과 우리 사이의 유일한 중보자이심을 고백하고 믿는 사람들이 바로 그리스도인이다.

 구원자가 되기 위해서는 구원자의 자격을 갖춰야 한다. 죄가 없어야 하는 것이다. 인류 중에 죄가 없는 분은 예수님뿐이시다. 죄 없이 태어나셔서 죄 없이 사시고, 우리 죄를 대속하기 위해 십자가에서 죽으신 예수 그리스도가 바로 하나님께로 가는 유일한 길이시다.

 세상 사람들은 구원의 유일한 길은 예수님이시며 하나님께로 가는 길은 오직 예수님이시라고 말하면 기독교를 배타적이라고 비판하기도 한다. 그러나 우리는 분명하게 알아야 한다. 타 종교인들과 환경 운동 같은 선한 일을 함께할 수는 있다. 그러나 진리의 문제는 절대 타협할 수 없다.

하나님께로 가기 위해서는 하나님이 원하시는 의(義)에 도달해야 하는데, 죄가 있는 인간은 그 누구도 하나님이 원하시는 의의 기준에 도달하지 못한다. 하나님은 예수님이 십자가에서 우리의 죗값을 치르신 것을 믿는 믿음이 있다면, 그 믿음을 보고 의롭다고 인정해 주시겠다고 약속하셨다. 하나님이 원하시는 구원의 의에 도달하는 유일한 방법은 예수님을 믿는 것이다.

우리는 세상 사람들을 좀 더 유연한 자세로 대해야 한다. 복음을 알지 못하는 사람들이 거부감이 들지 않도록 그들과 융화해야 한다. 그러나 진리는 하나이며, 오직 예수님을 통해서만 구원받게 된다는 확실한 복음의 태도를 견지해야 한다. 타 종교와의 화합을 위해 진리를 포기해서는 절대 안 된다.

더 깊은 묵상

1. 예수님이 유일한 구원자이신 이유는 무엇인가?

2. 복음을 모르는 이들에게 복음을 전할 때 어떤 지혜가 필요한가?

오늘의 기도

하나님 아버지, 저를 죄에서 구원하시고 영생을 주시기 위해 유일한 구원자로 예수 그리스도를 보내 주셔서 감사합니다. 예수님을 믿는 믿음으로 구원받아 천국 영생을 누리게 하시니 감사합니다. 예수님의 이름으로 기도합니다. 아멘.

아버지께서 내 안에 계심을 믿으라

말씀 | 요한복음 14:11
내가 아버지 안에 거하고 아버지께서 내 안에 계심을 믿으라 그렇지 못하겠거든 행하는 그 일로 말미암아 나를 믿으라

예수님은 예수님 자신이 하나님께로 가는 유일한 길이자 진리이자 생명이라고 말씀하셨다. 그리고 예수님을 아는 것이 곧 하나님 아버지를 아는 것이라고 말씀하셨다. 그때 빌립이 예수님께 하나님 아버지를 보여 달라고 부탁하자, 예수님은 예수님을 보는 것이 곧 하나님 아버지를 보는 것이라고 알려 주셨다.

예수님은 이 땅에 사람으로 오신 하나님이시다. 예수님은 자신이 하나님이 보내신 구원자임을 증명해 주셨는데, 그 증거는 바로 하나님만이 하실 수 있는 일을 하신 것이다. 예수님은 임의대로 하신 일이 하나도 없으시며 오직 아버지의 뜻을 이루기 위해 사셨다. 그리고 그분의 사역과 삶을 통해서 아버지 하나님을 온전히 나타내셨다. 우리는 예수님을 통해서 하나님께로 갈 수 있으며 예수님을 통해서 하나님을 볼 수 있다. 예수님이 유일한 중보자이시기 때문이다.

성경은 성부, 성자, 성령의 삼위일체 하나님을 증거한다. 육신을 입고 사는 유한한 존재인 우리는 하나님의 거룩하신 신비를 이해할 수 없다. 성경에서 말하는 것을 믿음으로 받아들이는 것이다. 하나님에 관한 지식은 우리의 경험이나 논리로 알 수 있는 것이 아니라, 하나님이 계시해 주신 것을 믿음으로 받아들임으로써 믿게 되는 것이다.

예수님이 자신을 통해서 하나님을 보여 주신 것처럼 우리도 우리 삶을 통해서 예수님을 보여 줄 수 있어야 한다. 우리는 여전히 죄성이 있고, 다 듬어지지 않았으며, 고쳐야 할 부분이 많다. 그러나 세상 사람들에게 조금이라도 예수님의 모습을 보여 줄 수 있어야 한다. 넘어지고 상처가 나더라도 우리 삶에서 예수님을 나타내야 한다. 그러다 보면 우리는 예수님을 더 많이 닮게 될 것이다.

이 과정을 그리스도인의 '성화'(聖化)라고 한다. 성령님이 우리의 구원을 이루어 가시고, 우리가 예수님의 성품을 더욱 닮아 거룩함을 이루도록 도우시고 이끌어 주신다.

더 깊은 묵상

1. 예수님은 어떻게 하나님 아버지를 나타내셨는가?

2. 세상에서 예수님을 나타내는 삶을 살기 위해 어떻게 할지 결단을 기록해 보라.

오늘의 기도

하나님 아버지, 예수님이 이 땅에서 주신 말씀과 행하신 일을 통해 그분이 하나님의 아들이심을 알게 하시고 믿게 하시니 감사합니다. 예수님이 하나님을 보여 주셨듯이, 저 또한 세상 사람들에게 예수님을 나타내는 사람이 되게 하소서. 예수님의 이름으로 기도합니다. 아멘.

68 예수님의 이름으로

말씀 | 요한복음 14:13-14

너희가 내 이름으로 무엇을 구하든지 내가 행하리니 이는 아버지로 하여금 아들로 말미암아 영광을 받으시게 하려 함이라 내 이름으로 무엇이든지 내게 구하면 내가 행하리라

예수님은 우리가 예수님의 이름으로 구하면 예수님이 행하시겠다고 말씀하셨다. 예수님의 이름으로 기도하면 하나님이 예수님으로 인해서 우리의 기도를 들으신다. 예수님이 하나님과 우리 사이의 중보자가 되시기에, 우리에게 기도의 자격이 생기는 것이다. 우리가 모든 기도를 마칠 때 "예수님의 이름으로 기도합니다."라고 말씀드리는 이유가 여기에 있다.

기도를 너무 어렵게 생각하지 않아도 된다. 때로는 '이런 기도도 들어주실까? 이런 기도를 드려도 괜찮을까?'라는 생각이 들 수도 있다. 그래도 괜찮다. 우리는 무엇이든 기도해야 한다. 다만 우리를 위해 십자가에서 보혈을 흘리심으로 구원을 이루신 예수님을 묵상하며 예수님을 믿는 믿음으로 구해야 한다.

기도는 예수님의 이름으로 구하는 것이다. 예수님의 이름으로 구한다는 것은 예수님이 나의 죄를 대속하기 위해 십자가에서 죽으신 하나님의 아들이심을 믿는 믿음으로 구하는 것을 말한다. 또한 예수님이 참 하나님이심을 믿는 믿음으로 구하는 것을 말한다. 예수님의 이름으로 구한다는 것은 곧 절대적인 예수님을 신뢰하며 예수님과 함께하는 기도를 말하는 것이다. "예수님의 이름으로 기도합니다."라는 말은 단순히 기도를 마칠 때 쓰는 관용어가 아니라는 것을 알아야 한다.

기도의 능력은 예수님과 함께할 때, 예수님이 주신 말씀을 더 깊이 묵상하고 순종할 때 분명하게 나타난다. 그리고 예수님을 더 깊이 알아 갈 때 우리 속에 거룩한 능력이 나타나게 된다.

우리는 참 연약하다. 그러나 예수님의 이름이 함께할 때 예수님의 능력이 우리 삶에 나타나게 된다. 그래서 우리는 예수님의 이름으로 승리하게 된다. 우리는 예수님의 이름의 능력을 의지해야 한다. 우리 기도를 하나님이 들으시고 응답하시는 것은 예수님이 우리 기도를 확증해 주시기 때문이다. 우리는 예수님의 이름으로 다시 일어설 수 있다. 예수님의 이름은 우리 삶의 소망이자 능력이다.

더 깊은 묵상

1. 왜 예수님의 이름으로 기도해야 하는가?

2. 예수님의 이름으로 사는 것이 나의 삶에 능력이 되는 이유는 무엇인가?

오늘의 기도

하나님 아버지, 예수님의 이름으로 기도할 수 있게 하시고, 예수님의 권세에 의지해서 기도하게 하시니 감사합니다. 예수님의 이름으로 구하며 응답받아 더욱 주님을 알아 가게 하시고, 신실한 제자가 되게 하소서. 예수님의 이름으로 기도합니다. 아멘.

69 고아와 같이 버려두지 아니하리라

말씀 | 요한복음 14:18

내가 너희를 고아와 같이 버려두지 아니하고 너희에게로 오리라

"하나님은 고아의 아버지시며"(시 68:5)라는 말씀이 있다. 고아는 보호자가 없는 아이를 말한다. 한평생 기도하며 응답받아 하나님의 능력으로 고아들을 먹이고 보호해 주었던 조지 뮬러는 하나님이야말로 진정한 고아의 아버지시라고 말했다.

목회를 하면서 상담을 하다 보면 어려움을 겪는 사람들을 많이 만나게 되는데, 그러면서 보호자가 없는 사람들이 당하는 어려움이 훨씬 크다는 것을 알게 되었다. 보호자가 없는 사람을 업신여기고 멸시하며 괴롭히는 사람들이 있기 때문이다. 나의 어려움을 돌봐 주는 사람이 있다는 것은 큰 은혜다. 우리 하나님이 우리의 보호자 되신다는 것이 얼마나 큰 축복인지 모른다.

예수님은 제자들에게 그들 곁을 잠시 떠나지만 그들을 고아와 같이 버려두지 않겠다고 하셨다. 또한 십자가 죽음 이후 부활하시고 승천하시면 보혜사 성령님을 보내 주겠다고 하셨다. 성령님은 우리와 동행하시는 진리의 영으로, 우리를 고아와 같이 버려두지 않으시고 우리를 하나님 나라까지 이끌어 구원을 완성해 주신다.

성령님이 우리 안에 계시고 우리와 동행하실 때 우리는 하나님의 보호하심과 인도하심을 받게 된다. 성령님은 우리를 보호하시고 우리를 진리

이신 예수님께로 인도하신다. 성령님이 오셔서 우리와 함께하시면 우리는 어느 곳에 있든지, 무슨 일을 하든지 늘 담대할 수 있다.

버림받는 것은 참으로 두려운 일이다. 사람들에게 버림받는다고 생각하면 두려움을 느끼게 될 것이다. 그러나 예수님은 절대 우리를 버리지 않으시고 우리와 함께하신다. "여인이 어찌 그 젖 먹는 자식을 잊겠으며 자기 태에서 난 아들을 긍휼히 여기지 않겠느냐 그들은 혹시 잊을지라도 나는 너를 잊지 아니할 것이라 내가 너를 내 손바닥에 새겼고 너의 성벽이 항상 내 앞에 있나니"(사 49:15-16).

사랑이 많으신 예수님은 끝까지 자기 사람을 사랑하셨다. 온 세상 모든 사람이 나를 버려도 예수님은 우리를 버리지 않으시고 끝까지 사랑하시며 보호하시고 인도하신다.

더 깊은 묵상

1. 하나님이 나를 보호하시는 것을 어떻게 알 수 있는가?

2. 성령님의 인도하심과 보호하심을 간구하며 나의 삶을 올려 드리는 기도의 시간을 가져 보라.

오늘의 기도

고마우신 하나님 아버지, 저의 보호자 되시고 인도자 되신 예수님을 찬양합니다. 저를 도울 보호자가 없고 버려진 것 같을 때 예수님을 생각하면 담대해집니다. 주님의 나라에 이를 때까지 보호하시고 인도해 주소서. 예수님의 이름으로 기도합니다. 아멘.

70 예수님을 사랑하는 사람

말씀 | 요한복음 14:21

나의 계명을 지키는 자라야 나를 사랑하는 자니 나를 사랑하는 자는 내 아버지께 사랑을 받을 것이요 나도 그를 사랑하여 그에게 나를 나타내리라

사랑은 반드시 증명되어야 한다. 사랑한다고 말하는데 그 사랑이 표현되고 증명되지 않는다면 진실한 사랑이 아닐 것이다. 사랑한다는 사실은 어떤 형태로든 증명된다.

예수님을 향한 사랑도 마찬가지다. 우리가 예수님을 사랑한다고 말한다면 그 사랑이 반드시 증명되어야 한다. 예수님은 예수님을 사랑하는 사람에게 나타나는 가장 분명한 증거가 무엇인지 알려 주셨다. 그것은 바로 예수님이 주신 계명을 지키는 것이다.

예수님을 사랑한다고 말한다면 예수님이 우리에게 주신 계명을 지키는 것이다. 예수님의 말씀을 기억하며 말씀대로 살려고 노력하는 것이다. 예수님을 사랑하는 사람은 예수님이 주신 말씀을 사랑한다. 예수님을 믿는다고 말하고, 예수님을 사랑한다고 말한다면 반드시 예수님의 말씀을 소중히 여기고 예수님의 말씀을 지키며 살아야 한다. 예수님은 우리에게 계명을 주셨다. 그리고 이 계명을 지키는 이가 바로 예수님을 사랑하는 사람이라고 하셨다.

그렇다면 예수님이 주신 계명은 무엇인가? 우리가 구체적으로 지켜야 할 말씀은 무엇인가? 예수님은 많은 가르침을 다음 한 가지 계명으로 요약해 주셨다. "새 계명을 너희에게 주노니 서로 사랑하라"(요 13:34).

성경 말씀 전체를 요약하면 하나님 사랑과 이웃 사랑으로 볼 수도 있다. 예수님이 주신 새 계명도 서로 사랑하는 것이다. 예수님을 사랑하는 것은 이웃을 사랑하는 것으로 나타나게 된다. 복잡한 것 같지만 간단하다. 하나님을 사랑하는 것과 예수님의 말씀을 지키는 것과 이웃을 사랑하는 것은 같은 것이다. 이 셋은 서로 연결되어 있고 절대 떨어질 수 없다. 근본적으로 하나님 사랑과 이웃 사랑은 동일하며, 그 뿌리는 주님의 말씀을 사랑하고 그 말씀을 순종하는 데 있다.

예수님이 말씀하신 이웃은 내 주변에 있는 모든 사람을 말한다. 지금 나의 위로와 나의 격려가 필요한 사람들이 주변에 있다면 그들에게 사랑을 실천하는 것이 곧 이웃을 사랑하는 것이다. 가장 가까이 있는 이들에게 용기를 주는 따뜻한 말 한마디 건네는 것에서 사랑이 시작된다. 사랑을 표현하는 데 서툴더라도 우리는 반드시 사랑을 나누고 실천하며 살아야 한다.

더 깊은 묵상

1. 예수님이 우리에게 주신 새 계명은 무엇인가?

2. 오늘 내가 사랑을 실천할 대상과 그 방법을 기록해 보라.

오늘의 기도

고마우신 하나님 아버지, 예수님을 더욱더 사랑하길 원합니다. 주님의 말씀에 온전히 순종하며 살게 하소서. 예수님의 이름으로 기도합니다. 아멘.

71 평안을 주소서

말씀 | 요한복음 14:27
평안을 너희에게 끼치노니 곧 나의 평안을 너희에게 주노라 내가 너희에게 주는 것은 세상이 주는 것과 같지 아니하니라 너희는 마음에 근심하지도 말고 두려워하지도 말라

사람이 살아가는 데 현실적으로 가장 필요한 것은 무엇일까? 일단 돈이 필요하다. 돈이 충족되면 무엇이 필요할까? 이렇게 질문을 계속하다 보면, 우리가 궁극적으로 원하는 것은 물질이 아니라 사람들에게서 사랑받고 인정받으며 마음의 평안을 누리는 것임을 알게 된다.

하나님이 사람을 처음 만드셨을 때, 사람은 하나님과 하나였다. 그리고 평안한 상태였다. 그러나 죄가 들어오면서 하나님과 사람 사이에 균열이 생기고 평화가 깨어졌다. 불안이 생긴 것이다. 아기는 엄마와 떨어지는 것에 불안을 느껴 잠시도 떨어지지 않으려고 하는데, 이를 분리불안이라고 한다. 어른이 되면 분리불안까지는 아니어도 누군가와의 관계가 멀어지면 마음의 평안을 잃고 두려움을 느낄 수 있다.

예수님은 그런 우리에게 평안을 주시기를 원하시고 또 평안을 주시는 분이다. 세상이 주는 평안은 일시적인 평안이다. 환경을 통해서 누리는 평안이기 때문이다. 그 환경이 바뀌면 곧바로 평안을 잃게 될 것이다. 그러나 예수님이 주시는 평안은 세상이 줄 수도 없고 알 수도 없는 평안이다. 환경이 바뀌어도 절대 빼앗기지 않는다.

이 평안은 하나님과의 관계에서 온다. 아담이 하나님과의 관계가 끊어져서 불안과 두려움을 느꼈다면, 예수님은 하나님과 우리를 다시 하나 되게

하셔서 참 평안을 회복시켜 주신다. 아기는 엄마 품에 있을 때 어떤 풍파가 있어도 고요히 잠들 수 있다. 엄마와의 관계가 단단하기에 평안을 누리는 것이다. 이처럼 모든 평안은 하나님과의 관계에서 시작된다. 죄가 들어오면 가장 먼저 하나님과의 관계가 불편해지고 평안이 사라진다. 그러나 하나님과의 관계가 견고하면 그 어떤 환경에도 흔들리지 않게 된다.

이 평안은 늘 우리와 동행하시는 성령님을 통해서 누리게 된다. 성령 하나님은 우리와 동행하시면서 세상이 주는 두려움과 근심으로부터 우리를 자유롭게 하시고, 예수님의 능력으로 참 평안을 누리게 하신다. 모든 것을 다 가져도 관계에 평안이 없고, 마음이 평안하지 못하다면 그보다 더 괴로운 일은 없을 것이다. 그럴수록 우리의 참 평안 되시며 이 평안을 주시기를 원하시는 예수님께 나아가야 한다.

더 깊은 묵상

1. 예수님이 주시는 평안은 세상이 주는 평안과 어떻게 다른가?

2. 모든 평안은 어디에서 시작하는가?

오늘의 기도

하나님 아버지, 세상이 줄 수도 없고 알 수도 없는 평안을 주시니 감사합니다. 세상의 풍파와 환난이 밀려올 때도 주님의 품 안에서 고요함과 안식을 누리며 참된 평안에 거하게 하소서. 예수님의 이름으로 기도합니다. 아멘.

풍성한 삶의 비결: 거룩한 삶

말씀 | 요한복음 15:1-2

나는 참포도나무요 내 아버지는 농부라 무릇 내게 붙어 있어 열매를 맺지 아니하는 가지는 아버지께서 그것을 제거해 버리시고 무릇 열매를 맺는 가지는 더 열매를 맺게 하려 하여 그것을 깨끗하게 하시느니라

예수님은 포도나무이시고, 우리는 가지다. 그리고 하나님은 농부이시다. 과일나무가 풍성한 열매를 맺도록 농부는 가지치기를 한다. 농사를 지어 본 사람들은 알겠지만, 과일나무에는 열매를 맺는 가지와 그렇지 못한 가지가 있다. 내년에 열매가 얼마나 맺힐지는 가지를 보면 알 수 있다.

겨우내 농부는 봄에 꽃이 피고 잎이 나기 전에 좋은 과일이 많이 달리도록 불필요한 가지들을 제거하는 일을 한다. 쓸모없는 가지들로 인해 열매가 잘 자라지 못하고 상품이 될 수 없기 때문이다. 가지를 깨끗하게 하면 좋은 품질의 과일을 얻을 수 있다.

예수님은 풍성한 열매를 맺는 삶의 비결로 깨끗하게 하는 것을 말씀하셨다. 즉, 그리스도인의 풍성한 삶의 첫 번째 비결은 거룩한 삶을 사는 것이다. 예수님 안에서 거듭난 성도는 세상과는 차별된 탁월한 거룩함이 있어야 한다. 이 거룩함은 능력이 되고 힘이 된다.

우리의 신앙생활에서 가지치기를 해야 하는 것들은 무엇이 있을까? 우선 하나님과의 긴밀한 교제를 방해하는 죄의 습관을 들 수 있다. 하나님을 멀리하고 하나님의 말씀대로 살지 않는 죄의 습관을 모두 잘라 버려야 한다. 이것은 평생토록 해야 하는 일이다. 세상 사람들보다 우리는 죄를 덜 짓는다고 생각하며 만족하는 것이 아니라, 세상 사람들과는 아주 다른 모

습으로 살아야 한다. 오늘 말씀을 보면, 가지를 친 우리의 모습은 깨끗하게 사는 것이라고 했다.

그런데 하나님의 말씀을 따라 거룩하게 사는 것은 쉬운 일이 아니다. 나를 다스리는 훈련과 죄의 습관을 벗어 버리는 훈련을 계속해야 하기 때문이다. 우리는 하나님의 말씀을 읽으면서 성경에서 금하는 모든 것을 힘써 지키고, 죄에서 벗어나게 해 주시길 힘써 기도해야 한다. 그렇게 할 때 비로소 풍성한 열매를 맺게 된다.

하나님을 닮은 사람들이 살아가는 데 기초적인 힘이 되는 것은 도덕적인 탁월성이 포함된 인격이다. 주님을 닮아 거룩함을 소유하는 것이 곧 그 힘과 능력이 되어 풍성한 삶을 누리게 한다.

더 깊은 묵상

1. 풍성한 삶을 누리는 첫 번째 비결은 무엇인가?

2. 예수님을 닮아 거룩함을 이루기 위해 내가 더욱 힘써야 할 부분은 무엇인가?

오늘의 기도

고마우신 하나님 아버지, 좋은 열매를 맺기 위해 나쁜 가지를 자르는 것처럼 나쁜 성품을 벗어 버리고 거룩한 성품을 소유하길 원합니다. 예수님의 이름으로 기도합니다. 아멘.

풍성한 삶의 비결: 예수님과 동행하는 삶

말씀 | 요한복음 15:7-8
너희가 내 안에 거하고 내 말이 너희 안에 거하면 무엇이든지 원하는 대로 구하라 그리하면 이루리라 너희가 열매를 많이 맺으면 내 아버지께서 영광을 받으실 것이요 너희는 내 제자가 되리라

예수님은 포도나무이시고, 우리는 가지다. 풍성한 열매를 맺는 삶이 되기 위해서는 거룩하게 살아야 한다. 예수님은 가지가 포도나무에 붙어 있어야 풍성한 열매를 맺는다고 하셨다. 포도나무에 가지가 붙어 있어야만 열매를 맺을 수 있고, 그렇지 않으면 열매를 맺을 수 없는 것은 지극히 상식적인 이야기다. 예수님은 이러한 당연한 사실을 통해서 예수님과 동행하는 삶의 중요성을 알려 주셨다.

가지가 포도나무에 붙어 있는 것은 곧 우리가 예수님 안에 거하고, 예수님이 우리 안에 거하시는 것을 말한다. 만일 우리가 예수님 안에 거하지 않는다면, 나무에서 잘리는 가지와 같은 삶을 살게 된다. 그러나 예수님 안에 거하면, 포도나무에 붙어 있는 가지처럼 풍성한 열매를 맺는 삶을 살게 된다.

예수님 안에 거한다는 것은 하나님의 말씀인 성경을 늘 묵상하며 말씀대로 살고자 힘쓰는 태도를 말한다. 또 모든 상황에서 스스로 이렇게 묻는 태도를 말한다. '이럴 때 예수님이라면 어떻게 하셨을까? 어떻게 하면 하나님을 기쁘시게 해 드릴 수 있을까?' 이런 질문은 우리로 하여금 예수님을 더욱 의지하며 예수님과 동행하게 한다.

우리는 예수님과 동행하는 삶을 살기 위해 성령님께 간구해야 한다. 성

령님께 기도하면 성령님은 예수님의 말씀을 생각나게 하시고, 예수님의 말씀대로 살 힘과 능력을 주신다. 이렇게 예수님의 말씀을 지키고자 힘쓰는 사람들에게는 기도 응답의 놀라운 복을 주신다.

우리가 기도하면 하나님이 응답해 주신다. 그러나 자기 욕심과 죄를 짓기 위한 목적으로 기도한다면 하나님은 그 기도를 들어주지 않으실 것이다. 하나님의 말씀 안에서 말씀대로 살려고 노력하는 사람들이 하나님께 구하는 기도는 응답받는다고 하셨다. 그러므로 주님의 뜻에 맞는 기도를 드리는 것이 중요하다.

응답받는 기도를 하기 위해서는 먼저 주님의 말씀 안에 거하는 삶을 살아야 한다. 말씀대로 사는 삶을 살 때 놀라운 기도 응답을 받게 된다. 기도를 통해 하나님이 주시는 풍성한 열매를 얻게 되며, 이 풍성한 열매는 하나님께 영광을 돌리게 된다. 또 세상을 향해서는 우리가 예수님의 제자인 것을 알리는 기회가 된다.

더 깊은 묵상

1. 놀라운 기도 응답을 받으려면 어떤 삶을 살아야 하는가?

2. 나는 주님의 뜻에 맞는 기도를 드리고 있는가?

오늘의 기도

고마우신 하나님 아버지, 기도의 능력과 응답의 능력을 경험하길 원합니다. 예수님 안에 거하며 풍성한 열매를 맺는 삶으로 주님의 제자임을 나타내게 하소서. 예수님의 이름으로 기도합니다. 아멘.

74 풍성한 삶의 비결: 사랑

말씀 | 요한복음 15:9
아버지께서 나를 사랑하신 것같이 나도 너희를 사랑하였으니 나의 사랑 안에 거하라

풍성한 삶을 누리는 첫 번째 비결은 거룩한 삶을 사는 것이다. 두 번째 비결은 예수님 안에 거하는 삶, 곧 예수님과 동행하는 삶을 사는 것이다. 그리고 세 번째 비결은 사랑하는 삶을 사는 것이다. 사실 이 세 가지 비결은 서로 분리되지 않는다. 예수님 안에 거하면 거룩한 삶을 살게 되고 예수님의 사랑을 나타내게 되기 때문이다. 결국 풍성한 삶은 내가 얼마나 예수님과 동행하며 사는가와 연관이 있다고 볼 수 있다.

참사랑은 무엇일까? 우리의 사랑은 때로 변한다. 환경에 따라, 감정에 따라 변하는 것이 우리의 사랑이다. 그러나 하나님의 사랑은 절대 변하지 않는다. 하나님은 우리를 끝까지 사랑하신다. 하나님의 말씀은 영원히 없어지지 않으며 살아서 역사한다. 우리가 추구해야 할 사랑은 바로 그 말씀에 근거한 사랑이다.

성경은 하나님에게서 오는 사랑, 예수님이 가르쳐 주신 사랑을 참사랑이라고 말한다. 예수님의 계명을 지키는 것이 곧 사랑하는 것이다. 진정한 사랑은 하나님의 말씀을 관계 속에서 실천해 가는 것이다. 예수님의 계명을 지키는 것이 곧 하나님을 사랑하는 것이며, 사람을 사랑하는 것이다. 내가 사랑해야 할 기준과 목표를 예수님께 고정한다면 삶의 질이 달라질 것이다. 사랑이 없는 곳은 사막과 같다. 아무리 물질이 많아도 사랑이 없

다면 그것은 풍성한 것이 아니다.

풍성한 삶은 사랑이 넘치는 삶이다. 사랑이 있는 곳에 풍성함이 있다. 사랑은 서로를 귀히 여기게 하고, 가정과 교회에 행복이 넘치게 한다. 사랑을 받은 사람은 자신이 하나님 앞에서 소중한 존재임을 알고 또 다른 사람을 사랑하여 그 역시 하나님 앞에서 소중한 존재임을 알게 해 준다.

사랑을 배우고 싶다면 예수님을 더 깊이 사랑하는 데 집중해야 한다. 예수님이 우리를 어떻게 사랑하셨는지 더 깊이 배워야 한다. 예수님을 더 깊이 사랑하면 다른 사람을 사랑하는 마음이 저절로 따라오게 된다. 예수님이 베푸신 구원의 은혜를 묵상할 때 우리는 사랑을 배우게 된다. 우리가 서로 사랑하면 사랑이 넘치는 곳에 하나님이 계시며, 사랑을 실천하는 가운데 하나님을 더 깊이 알게 된다.

더 깊은 묵상

1. 풍성한 삶을 누리는 세 번째 비결은 무엇인가?

2. 예수님은 나를 어떻게 사랑해 주셨는가?

오늘의 기도

고마우신 하나님 아버지, 제가 있는 모든 곳에서 주님의 사랑이 나타나게 하소서. 주님께 받은 사랑으로 이웃을 사랑하길 원합니다. 더욱더 풍성한 사랑 안에서 살아가게 하소서. 예수님의 이름으로 기도합니다. 아멘.

75 가장 큰 사랑

말씀 | 요한복음 15:13-14
사람이 친구를 위하여 자기 목숨을 버리면 이보다 더 큰 사랑이 없나니 너희는 내가 명하는 대로 행하면 곧 나의 친구라

 예수님은 친구를 위해 자기 목숨을 버리는 사랑이 가장 큰 사랑이라고 말씀하셨다. 다른 사람을 위해 자신을 버리는 사랑, 그것을 우리는 희생이라고 말한다. 희생은 가장 큰 사랑이다. 사랑은 순수해야 한다. 참사랑은 하나님의 말씀을 떠나지 않고 말씀 안에 거하는 사랑이다. 그리고 다른 사람을 위해 희생하는 사랑이다. 희생이야말로 가장 크고 위대한 사랑이다.
 이 땅에서의 가장 큰 사랑은 어머니의 사랑이 아닐까 싶다. 어머니는 자식을 위해 모든 것을 희생하면서도 더 주지 못해 안타까워한다. 이 마음은 이 땅에서 우리가 경험할 수 있는, 하나님을 가장 많이 닮은 마음이라고 생각한다.
 예수님은 우리를 친구라고 하셨다. 예수님이 우리의 죄를 대속하시기 위해 십자가에서 희생하신 것은 바로 크신 사랑 때문이다. "우리가 아직 연약할 때에 기약대로 그리스도께서 경건하지 않은 자를 위하여 죽으셨도다 의인을 위하여 죽는 자가 쉽지 않고 선인을 위하여 용감히 죽는 자가 혹 있거니와 우리가 아직 죄인 되었을 때에 그리스도께서 우리를 위하여 죽으심으로 하나님께서 우리에 대한 자기의 사랑을 확증하셨느니라"(롬 5:6-8).
 중요한 사람을 위해 대신 죽는 것은 간혹 있을 수 있는 일이다. 그러나 죄인을 위해 대신 죽는 것은 결코 있을 수 없는 일이다. 그런데 예수님은

우리가 죄인일 때 우리를 대신해서 죽으심으로 참사랑이 무엇인지 알려 주셨다.

윤동주 시인의 「십자가」라는 시의 일부분이다. "괴로웠던 사나이, / 행복한 예수 그리스도에게 / 처럼 / 십자가가 허락된다면 / 모가지를 드리우고 / 꽃처럼 피어나는 피를 / 어두워 가는 하늘 밑에 / 조용히 흘리겠습니다." 이 시는 예수님이 사랑하는 사람을 위해 기쁨으로 희생하고자 하셨기에 진정으로 행복하셨다고 표현하며 예수님의 사랑을 잘 보여 주고 있다. 그리고 할 수 있다면 자신도 그런 사랑을 하고 싶다고 말하고 있다.

희생의 사랑이 힘들고 괴롭지만 사랑하기 때문에 행복하셨던 예수님을 늘 묵상했으면 좋겠다. 그리고 그 자기희생의 길을 따르고자 하는 이 시인의 고백처럼 우리도 예수님의 사랑을 따라 살아가면 좋겠다.

더 깊은 묵상

1. 로마서 5장 6-8절 말씀을 묵상하면서 느낀 점은 무엇인가?

2. 예수님이 나를 사랑하셔서 십자가를 대신 지셨다. 예수님께 감사와 사랑을 고백해 보라.

오늘의 기도

고마우신 하나님 아버지, 예수님이 저를 위해 희생하셨듯이 저 또한 연약한 지체들을 위해 희생하고 섬기며 생명을 구원하는 삶을 살게 하소서. 예수님의 이름으로 기도합니다. 아멘.

복음 플러스

하나님의 계시

사람들이 진리를 알아 가는 방법은 여러 가지가 있다. 경험을 통해서 알 수도 있고, 논리적인 논쟁과 토론을 통해서 일정한 답에 접근할 수도 있다. 그러나 우리가 알아야 할 것은 인간의 이 모든 학문적인 연구와 노력 이전에 하나님의 '계시'(啓示)가 있었다는 것이다.

계시는 자연과 역사, 인류, 가정, 사회, 과학, 예술 전체와 밀접한 연관이 있다. 이 세상 그 자체가 계시에 근거한다. 사람이 가지고 있는 모든 지식의 영역은 하나님이 보여 주시고 알려 주신 계시가 선행되었다는 것을 알아야 한다.

세상의 모든 학문과 연구는 하나님이 없다는 무신론에서 시작한다. 그리고 가설을 만들고 그 가설을 합리화하려고 한다. 그러나 분명한 것은 인간은 주어진 것으로 연구할 뿐이며, 이미 먼저 우리에게 계시하신 것은 하나님이시라는 점이다.

기독교는 계시의 종교다. 하나님이 우리에게 자신을 계시하시면서 독생자 예수 그리스도를 보내 주셨다. 우리는 하나님이 보여 주신 계시에 근거해서 믿음 생활을 하고 있다.

모든 철학과 사상과 이론과 학문보다 하나님의 계시가 선행하기에, 하나님의 계시에 근거해서 모든 것을 설명하고 분석하고 이해해야 한다. 이 세상의 모든 현상 앞에 하나님의 계시가 선행한다. 하나님의 계시가 있었기 때문에 학문의 발전이 있는 것이다.

철학에서는 주장하는 내용과 방법이 시대마다 다양하게 전개되었지만, 결국은 하나님이 보여 주시고 만들어 주신 것을 벗어나서는 설명하거나 이해할 수 없다는 것을 알 수 있다.

하나님에 대한 개념은 사람이 만들어 낸 것이 아니다. 하나님이 인간 세계에 하나님 자신을 알려 주셨고, 인간은 그것을 받아 누릴 뿐이다. 우리의 자아는 풍성하며 생명과 능력과 행위가 충만한 존재다. 하나님이 계시해 주시지 않았다면 우리가 누리는 학문 세계도 존재하지 않는다는 사실을 알게 되었다.

세상 사람들은 성경에 나타난 행위를 비과학적이라고 비판한다. 성경에 나타난 모든 기록은 현대 과학의 눈으로 볼 때 비현실적이고 불가능한 일이며 시대착오적이라고 보는 것이다. 과학과 신앙은 서로 공존할 수 없으며, 이 둘은 배타적인 관계라고 인식하는 사람들이 많다. 하지만 자연과학

과 신앙은 상호 배타적이지 않으며, 하나님이 만드신 자연 만물을 이해하고 설명하기 위해서는 하나님의 계시에 기초해야 한다.

자연을 만드신 이는 하나님이시며, 자연법칙을 만드신 이도 하나님이시다. 자연과학을 연구하는 방법 역시 하나님의 계시에 의한 방법이기 때문에 자연과학은 하나님을 떠나서는 연구가 될 수 없다.

역사에 대한 이해도 마찬가지다. 역사는 계시의 관점에서 큰 그림을 보아야 한다. 하나님은 역사의 주관자이시자 역사를 이끌어 가시는 분이다. 하나님은 세상을 창조하신 것과 세상을 주관하시는 것을 역사로 이미 증명해 주셨고, 또 그렇게 이루어 가고 계신다. 하나님이 역사를 창조하시고 이루어 가시는 것을 보면서 역사의 기원이 하나님이시며 하나님의 계시에서 출발했다는 것을 알게 되었다.

종교의 근원적인 경험 역시 하나님이 보여 주신 일들이 선행되었기 때문에 나타나는 것이다. 그래서 교회에서는 종교적인 체험보다 하나님의 말씀을 더 가르쳐야 한다. 우리는 경험하는 것들을 가지고 진리를 바꾸려고 해서는 안 된다. 신앙은 감정의 영역에 제한되는 것이 아니며, 하나님의 말씀이 선행된 이후 종교적인 경험이 존재하는 것이기 때문이다.

네덜란드의 신학자 바빙크는 기독교의 핵심 본질을 '은혜'와 '사랑'과 '약속'으로 정의했다. 기독교의 핵심 본질을 거저 받아 누린 그리스도인이라면 그 받은 은혜와 사랑과 약속을 반드시 다른 사람들에게도 전해야 한다. 이 일이 은혜 가운데 충만해질 때 하나님 나라의 도래가 더욱더 앞당겨질 것이다.

76 내가 너희를 택하여 세웠나니

말씀 | 요한복음 15:16
너희가 나를 택한 것이 아니요 내가 너희를 택하여 세웠나니 이는 너희로 가서 열매를 맺게 하고 또 너희 열매가 항상 있게 하여 내 이름으로 아버지께 무엇을 구하든지 다 받게 하려 함이라

    우리가 구원받은 과정을 살펴보면 제일 먼저 하나님의 부르심이 있었다. 우리는 스스로 교회를 선택하고 스스로 믿음을 선택했다고 생각한다. 그러나 분명 하나님의 부르심이 먼저 있었다. 예수님이 우리를 먼저 부르시고 선택해 주셨다.
    아이들이 부모가 먼저 나를 사랑했고 끝까지 나를 사랑한다는 것을 알려면 어느 정도 지능이 자라야 한다. 이처럼 주님이 우리를 먼저 부르시고 선택해 주셨다는 것을 아는 데도 믿음의 성장이 필요하다. 성령님의 도우심과 감동을 통해서 우리는 그 사실을 알게 된다.
    하나님은 왜 나를 부르시고 선택하셨을까? 마가복음은 예수님이 원하셔서 부르셨다고 말씀한다. 우리의 구원은 하나님이 원하신 것이다. 하나님은 우리에게 구원이 필요하다는 것을 아시고 우리를 불러 주셨다. 예수님은 우리를 세상에 그대로 두면 안 될 것 같아서 세상에서부터 우리를 불러 구원해 주셨다. 그리고 새로운 신분과 새로운 직분을 주셔서 주님의 자녀로서 걸맞게 살아가게 해 주셨다.
    예수님이 우리를 부르시고 선택하신 두 번째 이유는 우리가 서로 함께하기를 원하시기 때문이다. 교회는 하나님을 아버지로 모시고 사는 가정이라 할 수 있다. 예수님은 교회 공동체가 가족과 같이 되기를 원하신다. 가

족은 함께 먹고 함께 기쁨과 슬픔을 나눈다. 예수님은 우리가 교회 공동체로서 함께 하나님 나라를 이루어 가게 하시기 위해 우리를 부르셨다.

예수님이 우리를 부르시고 선택하신 세 번째 이유는 우리에게 주신 사명을 이루게 하시기 위해서다. 즉, 세상에 복음을 전하고 사람들의 치유와 회복을 돕게 하시려는 것이다. 하나님은 우리가 하나님의 사람으로서 선한 일을 하며 선한 열매를 맺는 삶을 살도록 우리를 먼저 부르시고 선택하셨다. "우리는 그가 만드신 바라 그리스도 예수 안에서 선한 일을 위하여 지으심을 받은 자니 이 일은 하나님이 전에 예비하사 우리로 그 가운데서 행하게 하려 하심이니라"(엡 2:10).

예수님이 우리를 먼저 사랑하셨고, 예수님이 우리를 먼저 부르셨다. 믿음이 성장하면 성장할수록 이 부르심의 신비를 알게 될 것이다. 예수님이 우리를 부르시고 선택해 주신 목적을 따라 선한 열매를 많이 맺는 삶을 살아야 한다.

더 깊은 묵상

1. 예수님이 우리를 먼저 부르시고 선택하신 이유는 무엇인가?

2. 나의 삶에서 더 풍성하게 열리길 바라는 선한 열매는 무엇인가?

오늘의 기도

고마우신 하나님 아버지, 예수님의 사랑을 닮게 하소서. 먼저 사랑하고 나중까지 사랑하면서도 기뻐할 수 있는 성숙한 그리스도인이 되게 하소서. 예수님의 이름으로 기도합니다. 아멘.

77 고난받을 때의 자세

말씀 | 요한복음 15:20
내가 너희에게 종이 주인보다 더 크지 못하다 한 말을 기억하라 사람들이 나를 박해하였은즉 너희도 박해할 것이요 내 말을 지켰은즉 너희 말도 지킬 것이라

예수님은 제자들에게 그들이 예수님을 믿는다는 이유로 핍박과 고난을 받게 될 것이라고 말씀해 주셨다. 죄악 된 세상은 예수님을 핍박하고, 예수님을 믿는 사람도 핍박한다. 지금 우리나라는 복음이 많이 전파되어 복음에 대한 핍박이 많지 않으나, 복음이 전파된 초창기에는 우리 선조들이 엄청난 핍박을 받았다.

그리스도인이 세상에서 살아간다는 것은 고난을 의미한다. 예전과 같이 강력한 핍박을 받는 것은 아니지만, 예수님을 믿는다는 이유로 여전히 고난이 따르고 인내해야 하는 일도 많다. 특별히 성도로서 거룩함을 지키고 예수님께 헌신하는 과정에서 엄청난 도전을 받기도 한다.

예수님은 그리스도인이 고난받는 것은 세상이 예수님을 미워하기 때문이라고 하셨다. 여기서 세상은 사탄이 다스리는 타락한 세상을 말한다. 사탄의 권세 아래 있는 자들은 예수 그리스도를 믿는 사람들을 싫어하고, 복음이 전파되는 것을 원하지 않는다. 그래서 많은 핍박이 일어난다. 하지만 예수님은 복음으로 인해 고난받게 되더라도 주인보다 더 큰 고난을 겪지는 않을 것이라고 하셨다.

주인이신 예수님은 고난을 받고 십자가를 지셨다. 그리고 우리에게도 고난의 몫이 있다는 것을 말씀해 주셨다. 그러나 그 고난은 예수님이 당하신

고난보다 크지 않을 것이라고 하셨다. 우리가 복음으로 인해 고난받는 것은 예수님의 사람이라는 증거이기도 하다.

복음으로 인해 고난받을 때 우리는 우리보다 먼저 고난을 겪으신 예수님을 묵상해야 한다. 그리고 우리가 예수님의 제자인 것을 자랑스럽게 여겨야 한다. 순간적으로 일어나는 분노와 보복하고 싶은 마음을 내려놓고, 오직 성령님이 주시는 마음으로 감사할 수 있었으면 좋겠다.

고난 가운데 있을 때 예수님을 묵상하며 그 고난을 이겨 내는 것은 그리스도인으로서 진정 아름다운 모습이다. 고난이 온다면 기꺼이 마주하며 십자가를 지신 주님을 묵상했으면 좋겠다. 그리고 그 시간이 인격과 성품이 더 성숙해지고 은혜가 되는 거룩한 시간이 되었으면 좋겠다.

더 깊은 묵상

1. 고난당할 때 예수님을 묵상하면 어떤 영적 유익이 있는가?

2. 고난당할 때 그리스도인들은 어떤 태도를 지녀야 하는가?

오늘의 기도

고마우신 하나님 아버지, 고난이 올 때 두려워하지 말고 오직 고난을 대하시는 예수님을 바라보며 승리하게 하소서. 지금도 복음으로 인해 고난받는 복음 전도자들에게 은혜와 능력을 내려 주소서. 예수님의 이름으로 기도합니다. 아멘.

78 시험은 반드시 온다

말씀 | 요한복음 16:1
내가 이것을 너희에게 이름은 너희로 실족하지 않게 하려 함이니

시험은 반드시 온다. 특히 믿음 생활을 잘해 보려고 애쓰는 성도들에게는 반드시 시험이 온다. 성경에 기록된 시험은 두 가지 의미의 시험이 있다. 그중 하나는 그 사람의 수준을 가늠해 보는 시험, 즉 테스트와 같은 건설적이고 발전을 주는 시험이다. 또 하나는 사탄이 주는 파괴적인 시험으로, 이 시험은 그 대상을 완전히 망가뜨리고 구원에서 멀어지게 한다.

예수님을 처음 믿는 사람들에게는 사탄이 주는 시험이 반드시 온다. 예수님은 십자가를 지시기 전에 제자들이 복음으로 인해 받게 될 고난에 대해 말씀해 주셨다. 그러면서 예수님이 고난을 받으셨기에 그들도 고난을 받게 된다는 것을 기억하라고 하셨다. 그리고 영적으로 넘어지는 일이 있을 수 있으니 이를 예방하기 위해 이 말을 한다고 설명해 주셨다.

"실족하다"는 '발을 잘못 디뎌 미끄러지다'라는 뜻이다. 헬라어로는 '스칸달리조'인데, 짐승을 사냥하는 '올가미'(올무, 덫)나 '함정'을 가리키는 '스칸달론'에서 파생된 말이다. 현대 영어에서 '정치적 추문이나 의혹', '법정에서의 중상모략', 또는 '횡령이나 독직 사건', '사람들의 입에 오르내릴 만한 염문' 등을 일컫는 단어 '스캔들'(scandal)은 여기서 차용되었다. 우리를 시험하는 자는 우리를 넘어뜨리고 다시는 일어나지 못하게 함으로써 천국으로 가는 길을 막으려 한다. 그러나 우리는 여기서 승리해야 한다.

예수님은 고난 가운데서도 승리할 수 있는 이유에 대해 말씀하셨다. 예수님이 부활하시고 승천하신 이후 진리의 영이신 성령님이 오셔서 우리와 함께하시며 능력을 주시기 때문이다. "그러나 내가 너희에게 실상을 말하노니 내가 떠나가는 것이 너희에게 유익이라 내가 떠나가지 아니하면 보혜사가 너희에게로 오시지 아니할 것이요 가면 내가 그를 너희에게로 보내리니"(7절).

성도들을 넘어지게 하는 시험은 반드시 온다. 고난이든 회유든 사탄은 어떤 방법을 써서라도 우리를 시험할 것이다. 시험을 이기려면 성령님과 늘 동행하며 깊이 교제해야 한다. 성령 하나님이 힘과 능력을 주시기에 시험을 넉넉히 이기게 될 것이다. 그러니 시험을 겁내는 대신 성령 충만을 사모하며 살아야 한다.

더 깊은 묵상

1. 사탄이 주는 시험의 특징은 무엇인가?

2. 시험을 이기는 방법은 무엇인가?

오늘의 기도

고마우신 하나님 아버지, 시험이 올 때 성령님의 크신 능력에 힘입어 반드시 이겨 내게 하소서. 또 하나님의 영광을 나타내게 하소서. 예수님의 이름으로 기도합니다. 아멘.

79 진리의 성령이 오시면

말씀 | 요한복음 16:13
그러나 진리의 성령이 오시면 그가 너희를 모든 진리 가운데로 인도하시리니 그가 스스로 말하지 않고 오직 들은 것을 말하며 장래 일을 너희에게 알리시리라

    예수님은 자신이 떠날 때가 된 것을 아시고 제자들에게 앞으로 일어날 환난과 여러 가지 일에 대해 말씀해 주셨다. 그리고 진리의 성령이 오시면 그들을 진리 가운데로 인도하시고 장래의 일을 알려 주실 것이라고 하셨다. 성령님의 사역은 성령님이 예수님의 승천 이후 오순절 마가의 다락방에 임하시면서 시작되었다. 거룩한 영이시며 하나님의 영이신 성령님은 믿는 사람들을 보호하시고 이들을 진리 가운데로 인도하시며 구원으로 이끄신다.

    성삼위 하나님의 사역을 보면 하나님은 사랑의 하나님이심을 알게 된다. 성부 하나님은 성자 예수님을 주님이라고 칭하셨다. 성자 예수님은 오직 아버지 하나님의 뜻을 이루기 위해 사역하셨고, 결코 자의적으로 행하신 적이 없다. 성령 하나님은 진리이신 예수님의 말씀을 생각나게 하시고, 우리를 천국으로 인도하신다. 성령 하나님 역시 결코 자의적으로 행하지 않으신다.

    삼위일체 하나님은 인간의 이성으로 이해하기 어려운 신비다. 그러나 오직 진리를 따르며 결코 자의적으로 행하지 않으시고 섬김과 배려와 사랑의 모습을 보여 주시는 것은 확실히 알 수 있다. 하나님은 사랑 그 자체이시기 때문이다.

성령님이 오시고 나서 제자들에게 가장 먼저 일어난 변화는 바로 담대함이었다. 핍박하는 사람들이 두려워서 숨어 지내던 제자들은 성령 충만 이후 예루살렘 성전과 거리에서 복음을 전하게 되었다. 그리고 죽음조차도 두려워하지 않게 되었다. 늘 두려움이 많았던 베드로는 감옥에 갇혀 당장 내일 죽을지 모르는 상황에서도 깊은 잠을 잤다. 성령님이 베드로의 마음에 담대함과 평안함을 주셨기 때문이다.

두려운 마음이 들 때는 성령 하나님을 굳게 믿고 의지하며 기도해야 한다. 진리의 성령이 함께하시면 우리는 담대해진다. 우리에게 사랑이 부족하다고 느껴질 때는 하나님을 더 가까이하고 더 깊이 알아 가야 한다. 하나님은 사랑이시기 때문이다.

더 깊은 묵상

1. 성령 하나님은 어떤 사역을 하시는가?

2. 성령님은 제자들에게 어떠한 마음을 주셨는가?

오늘의 기도

고마우신 하나님 아버지, 성령 충만하게 하소서. 성령님의 능력을 경험하게 하시고, 그 능력으로 살아가며 세상을 이기게 하소서. 예수님의 이름으로 기도합니다. 아멘.

근심이 도리어 기쁨이 되리라

말씀 | 요한복음 16:20-22

내가 진실로 진실로 너희에게 이르노니 너희는 곡하고 애통하겠으나 세상은 기뻐하리라 너희는 근심하겠으나 너희 근심이 도리어 기쁨이 되리라 여자가 해산하게 되면 그때가 이르렀으므로 근심하나 아기를 낳으면 세상에 사람 난 기쁨으로 말미암아 그 고통을 다시 기억하지 아니하느니라 지금은 너희가 근심하나 내가 다시 너희를 보리니 너희 마음이 기쁠 것이요 너희 기쁨을 빼앗을 자가 없으리라

우리에게 근심이 있으면 세상이 기뻐한다. 그러나 그 근심은 예수님 안에서 반드시 기쁨으로 변하게 된다. 예수님은 우리에게 기쁨을 주신다. 예수님의 십자가 죽음은 잠시 근심과 슬픔이 되었으나, 곧 부활의 기쁨을 통해 그 근심과 슬픔이 기쁨으로 바뀌었다. 이처럼 주님은 우리의 근심을 기쁨으로 바꿔 주시는 분이다.

하나님의 사람들에게 있는 근심, 복음 때문에 갖게 되는 근심은 해산을 앞둔 여인의 근심과 같다. 해산할 날이 가까워진 여인은 겪어야 할 진통 때문에 근심하게 된다. 그러나 아기를 낳으면 사람이 세상에 태어났다는 기쁨에 그 고통을 잊게 된다. 이 기쁨은 아무도 빼앗을 수 없다.

예수님의 십자가 죽음은 제자들에게 큰 두려움과 근심이 되었다. 그러나 그 두려움과 근심이 기쁨이 된 이유는 무엇인가? 바로 예수님이 부활하셨기 때문이다. 예수님의 부활은 제자들뿐만 아니라 우리 모두에게 큰 기쁨이 되고 소망이 된다. 예수님은 부활의 첫 열매가 되셨다. 예수님이 죽은 자의 부활의 첫 열매가 되셨기 때문에 예수님 안에 있는 우리도 죽음에서 부활하게 된다. 예수님의 십자가 죽음은 곧 잠시의 근심에서 예수님의 부활과 우리의 부활이라는 큰 기쁨이 되는 것이다.

근심이 기쁨이 되는 또 다른 이유는 예수님이 성령 하나님을 보내 주시

기 때문이다. 예수님은 자신이 승천하시면 성령님을 보내 주겠다고 하셨다. 성령 하나님이 오시면 그분이 우리에게 용기를 주시고 능력을 주신다. 그리고 우리와 동행하시면서 예수님의 말씀을 기억나게 하시고, 하나님을 섬기게 해 주신다. 그래서 기쁨이 된다.

성령님이 오시고 난 이후 제자들은 성령님을 마음에 모시고 전 세계로 복음을 전하러 떠났다. 오늘 우리가 여기서 예수님을 믿게 된 것도 성령님이 오셔서 예수님을 전하게 하셨기 때문이다. 성령님이 오셔서 더 많은 사람이 예수님을 믿고 구원받게 되었다.

예수님은 우리에게 기쁨을 주신다. 그리고 근심을 기쁨으로 바꿔 주신다. 이 기쁨은 아무도 빼앗을 수 없다. 내적으로 충만한 기쁨은 환경이 변한다고 해도 절대 사라지지 않는다.

더 깊은 묵상

1. 예수님의 십자가 죽음에 대한 근심이 기쁨이 되는 이유는 무엇인가?

2. 성령님이 오시면 왜 근심이 기쁨이 되는가?

오늘의 기도

하나님 아버지, 근심을 기쁨으로 바꿔 주셔서 감사합니다. 부활하시고 성령님을 보내 주신 주님을 찬양합니다. 예수님의 이름으로 기도합니다. 아멘.

81 기도 응답의 기쁨

말씀 | 요한복음 16:24
지금까지는 너희가 내 이름으로 아무것도 구하지 아니하였으나 구하라 그리하면 받으리니 너희 기쁨이 충만하리라

'은혜'라는 단어는 헬라어로 '카리스'라고 하는데, '카리스'는 '기쁨'을 뜻하는 '카라'에서 파생되었다. 즉, 은혜는 우리 마음이 하나님이 주신 기쁨으로 충만하게 되는 것이다.

기도 응답은 성도들이 가장 분명하게 영적인 삶의 기쁨을 누리게 한다. 예수님은 우리의 근심을 기쁨으로 바꿔 주신다. 그리고 기도를 통해 기쁨을 주시길 원하신다. 예수님은 우리에게 있어야 할 것을 다 아시지만, 기도에 응답하심으로 우리 마음에 기쁨이 가득하게 하신다. 그러므로 은혜를 받고 싶다면 기도해야 한다.

"너희 사방에 남은 이방 사람이 나 여호와가 무너진 곳을 건축하며 황폐한 자리에 심은 줄을 알리라 나 여호와가 말하였으니 이루리라 주 여호와께서 이같이 말씀하셨느니라 그래도 이스라엘 족속이 이같이 자기들에게 이루어 주기를 내게 구하여야 할지라"(겔 36:36-37). 하나님은 이스라엘 백성에게 회복을 약속해 주셨다. 그러나 이 회복도 기도할 때 행하신다고 말씀하셨다. 예수님은 우리에게 좋은 것을 주시기 위해 늘 준비해 두시지만, 우리가 기도할 때 그것을 행해 주신다. 기도는 하나님의 약속을 이루게 하는 축복의 통로다.

기도할 때는 예수님의 이름으로 기도해야 한다. 왜냐하면 예수님 때문에

우리가 기도할 수 있는 자격이 생기기 때문이다. 또 예수님이 우리 기도의 중보자가 되시기 때문이다. 우리는 예수님 때문에 하나님께 기도할 수 있으며, 예수님의 대속으로 인해 하나님의 보좌로 담대하게 나아갈 수 있게 되었다. 우리의 기도는 예수 그리스도의 이름으로 기도할 때 그 능력이 나타나게 된다.

신앙 초년기 때는 단순한 것도 기도하며 응답을 기다린다. 그러나 어느 순간부터는 기도는 하지만 응답에 대해 별로 기대하지 않을 수 있다. 그렇게 된다면 신앙 초년기의 순수한 마음으로 돌아갈 필요가 있다. 주님이 우리에게 응답하시는 것은 우리 마음에 기쁨을 주시고, 그 기쁨을 통해 주님과 영적인 교제를 나누게 하시기 위함이다.

응답받는 기도 생활을 위해 기도 노트를 적어 보는 것도 좋다. 언제 어떤 제목으로 기도했고, 그 결과 하나님이 어떻게 응답해 주셨는지를 기록하면 믿음 생활에 기쁨이 더 커질 것이다.

더 깊은 묵상

1. 기도에 관한 예수님의 약속은 무엇인가?

2. 우리가 예수님의 이름으로 기도해야 하는 이유는 무엇인가?

오늘의 기도

고마우신 하나님 아버지, 제 기도를 들으시고 응답해 주시는 하나님을 찬양합니다. 기도 응답의 기쁨을 더 풍성히 누리는 믿음의 삶이 되게 하소서. 예수님의 이름으로 기도합니다. 아멘.

82 그리스도를 아는 기쁨

말씀 | 요한복음 17:3
영생은 곧 유일하신 참 하나님과 그가 보내신 자 예수 그리스도를 아는 것이니이다

구원받은 이후 그리스도인의 삶은 하나님을 더 깊이 알아 가는 삶이라고 단언해도 틀리지 않는다. 그리고 하나님을 알아 갈 때 충만한 기쁨을 경험하게 된다. 예전에 『당신이 행복했으면 좋겠습니다』라는 책을 쓰면서 사람의 행복에 관해 연구한 적이 있는데, 그때 발견한 중요한 사실 하나가 그리스도인은 하나님을 알면 알수록 더 행복해질 수밖에 없다는 것이었다.

그런데 우리는 왜 하나님께 순종하지 못하는 것일까? 믿음이 없는 이유는 무엇일까? 왜 하나님의 말씀보다 내 생각이 앞서는 것일까? 하나님이 혹시 내 인생에 훼방꾼이 아니실까 하는 생각은 왜 드는 것일까? 그것은 바로 하나님에 대한 무지 때문이다.

하나님은 내가 아는 가장 좋은 사람보다 더 좋은 분이시고, 이 세상에서 나를 가장 사랑하는 사람보다 더 많이 나를 사랑하시는 분이다. 또 나를 위해 모든 것을 주시는 분이다. 이 사실을 알게 될 때 우리 삶은 달라진다.

예수님을 안다고 할 때는 단순히 지식적으로 아는 것을 말하지 않는다. 이는 경험을 통해서 깊이 아는 것을 말한다. 예수님을 더 깊이 알고 더 깊이 교제하면 예수님께 생명이 있으며 예수님만이 영생을 주시는 유일한 구원자이심을 믿게 된다.

성도들이 누리는 기쁨 중에 가장 큰 기쁨은 하나님을 더 깊이 알아 가는

기쁨, 그리스도를 더 깊이 알아 가는 기쁨이다. 그런데 하나님은 우리가 공동체를 통해 새로운 성도들을 알아 가는 기쁨 또한 누리기를 원하신다. 하나님을 알아 가는 일과 달리 사람들을 알아 가는 일에는 실망스러운 때도 있을 것이다. 그러나 하나님은 우리가 서로 돕고 기뻐하며 살도록 은혜를 주신다.

신앙생활은 혼자 하는 것이 아니다. 교회 공동체를 통해서 서로를 알아 가고, 함께 예수님을 알아 가는 것이다. 서로를 알아 가는 기쁨도 충만하기를 소망한다.

더 깊은 묵상

1. 예수님을 아는 것과 영생을 받는 것은 어떻게 연결되어 있는가?

2. 최근 믿음 생활을 통해 예수님을 알아 가면서 어떤 기쁨을 누렸는가?

오늘의 기도

고마우신 하나님 아버지, 하나님과 예수 그리스도를 더 깊이 아는 지식이 자라게 하소서. 주님을 알아 가는 기쁨으로 충만하게 하소서. 예수님의 이름으로 기도합니다. 아멘.

83 하나님을 영화롭게 하는 삶

말씀 | 요한복음 17:4-5
아버지께서 내게 하라고 주신 일을 내가 이루어 아버지를 이 세상에서 영화롭게 하였사오니 아버지여 창세 전에 내가 아버지와 함께 가졌던 영화로써 지금도 아버지와 함께 나를 영화롭게 하옵소서

    소요리문답 1문에서는 인간의 주된 목적을 "하나님을 영화롭게 하고, 하나님으로 영원토록 즐거워하는 것"이라고 정의한다. 하나님을 영화롭게 한다는 것은 하나님께 영광을 돌리는 삶을 사는 것을 말한다.

    하나님께 영광을 돌린다는 것은 하나님이 이 세상에서 행하신 일과 하나님이 우리에게 베푸신 일, 그리고 하나님의 존재 자체를 삶의 모든 영역에서 그대로 인정하는 것이다. 우리 삶의 모든 것은 하나님의 은혜의 결과다. 하나님의 손길이 미치지 않은 것이 없다. 우리는 하나님이 어떤 분이신지에 대해 올바른 지식을 가지고 있어야 하며, 하나님이 베푸신 은혜를 잘 알고 감사로 고백해야 한다.

    이 땅에서의 우리 삶은 하나님을 영화롭게 하는 삶이 되어야 한다. 어떤 모습으로든지 우리 삶을 통해서 하나님의 영광이 나타나고 하나님의 성품이 나타나야 한다. 예수님은 하나님이 맡기신 일을 완성하여 하나님을 영화롭게 했다고 말씀하셨다. 이것은 구체적으로 예수님의 십자가 구속 사역을 의미한다. 예수님은 속죄의 어린양으로서 십자가 죽음으로 온전히 순종하셨고, 그 순종을 통해서 구원을 이루셨다. 하나님의 자녀들이 하나님의 품으로 돌아오게 하는 사역을 온전히 감당하심으로 하나님을 영화롭게 하신 것이다.

하나님은 우리에게도 사명을 주셨다. 예수님이 십자가를 지셔서 하나님을 영화롭게 하신 것과는 비견할 수 없지만, 우리도 우리의 모습 속에서 하나님께 영광을 돌리도록 하나님이 저마다 사명을 주셨다. 우리의 직장, 우리의 가정, 우리의 섬김, 우리의 관계 속에서 어떤 모습으로든지 하나님의 영광이 나타나도록 해야 한다.

우리의 한결같은 소원은 하나님을 기쁘시게 해 드리는 삶을 추구하는 것이어야 한다. 어떻게 하면 하나님을 기쁘시게 해 드릴 수 있을지 묵상하며 하나님의 영광이 나타나는 삶을 살아야 한다.

더 깊은 묵상

1. 인간의 주된 목적은 무엇인가?

2. 나의 삶에서 하나님을 기쁘시게 해 드릴 구체적 방법은 무엇인지 찾아보라.

오늘의 기도

고마우신 하나님 아버지, 하나님을 기쁘시게 해 드리는 삶을 살기를 원합니다. 하나님의 영광을 나타내는 삶을 살게 하소서. 예수님의 이름으로 기도합니다. 아멘.

84 하나가 되게 하옵소서

말씀 | 요한복음 17:11
거룩하신 아버지여 내게 주신 아버지의 이름으로 그들을 보전하사 우리와 같이 그들도 하나가 되게 하옵소서

교회에서 가장 힘든 일 중 하나는 연합, 곧 하나 됨이다. 예수님은 우리의 하나 됨을 위해 기도하셨다. 진정한 연합은 하나님의 뜻이기도 하다. 교회 공동체의 힘은 하나님과 더불어 하나 됨에서 나온다. 그렇다면 이런 질문이 나올 수 있다. 뜻이 달라도 모두 한곳에 모아 두면 그것이 하나 됨일까? 그렇지 않다.

성경이 말하는 하나 됨에는 몇 가지 원리가 있다. 첫째는 거룩함이다. 부정한 모습으로 모아 두는 것은 하나 됨을 의미하지 않는다. 거룩한 공동체는 거룩함으로 하나가 되어야 한다. 교회는 세상에서 부르심을 받은 거룩한 이들의 모임이다.

둘째는 사랑이다. 사랑의 힘이 연합의 근거가 되어야 한다. 사랑하면 서로를 용납하고 다른 사람을 배려하게 된다. 사랑이 많으면 하나가 되기가 더 쉽다.

셋째는 섬김이다. 온전히 자신을 낮추고 다른 사람을 높여 주는 섬김이 기초가 되어야 한다. 이것은 성부 하나님과 성자 예수님의 하나 됨에서 나타나는 원리다. 예수님은 예수님과 하나님이 하나인 것처럼 우리도 서로 하나가 되기를 원하셨다.

하나 됨은 모두가 똑같은 옷을 입는 것을 의미하지 않는다. 다양함 속에

서 하나가 될 수 있어야 한다. 오히려 다양함을 존중하는 것이 진정한 연합이다. 마치 손과 발, 눈, 코, 입 등 몸의 각 부분이 모여 머리를 중심으로 하나의 몸이 되는 것과 같은 이치다. 몸의 각 부분은 서로 다른 모습이지만 그렇다고 분리된 것은 아니다. 각기 다른 부분이 모여 몸을 이루면서 하나가 된 것이다.

우리가 하나가 되었다고 말할 수 있는 것은 공동의 목표를 가질 때다. 하나님은 우리를 교회로 불러 주셨다. 하나님께 예배드리며 하나님 나라를 확장하고, 성도 간에 교제하며 봉사와 섬김의 삶을 살도록 불러 주셨다. 우리는 이 공동의 목표 아래 예수님 안에서 하나가 될 수 있다. 이 목표를 위해 각자의 은사와 재능을 드리는 과정에서 이미 하나가 된다. 거룩함과 사랑, 겸손, 그리고 다양성을 존중하는 자세로 하나님의 영광을 나타내는 교회가 되도록 공동의 목표를 가지고 전진해야 한다.

더 깊은 묵상

1. 성경이 말하는 하나 됨의 원리는 무엇인가?

2. 내가 속한 공동체의 연합을 위해 어떤 일을 해야겠는가?

오늘의 기도

고마우신 하나님 아버지, 거룩함과 사랑, 겸손, 그리고 다양성을 존중하는 자세로 하나님의 영광과 하나님 나라의 확장을 위해 모든 것을 드리게 하시고, 하나가 되는 은혜가 있게 하소서. 예수님의 이름으로 기도합니다. 아멘.

85 거룩함을 이루는 삶

말씀 | 요한복음 17:17
그들을 진리로 거룩하게 하옵소서 아버지의 말씀은 진리니이다

성경에서 말하는 거룩함은 하나님의 성품을 닮아 가는 것을 말한다. 이 거룩함은 우리 스스로 이룰 수 없다. 우리가 거룩해지는 것은 성령 충만할 때 가능하다. 성령님의 지배를 받으며 성령님께 의지할 때 거룩함이 이루어지는 것이다.

거룩함은 성령님의 내주하심을 깊이 경험할 때 저절로 이루어진다. 성령님의 내주하심을 입기 위해서 우리는 말씀과 기도에 집중해야 한다. "하나님의 말씀과 기도로 거룩하여짐이라"(딤전 4:5). 말씀과 기도에 집중하며 예배 생활을 하면 성령님이 우리의 거룩함을 이루어 주신다.

중국 선교의 아버지로 불리는 허드슨 테일러가 선교 활동 중에 낙심에 빠진 일이 있다. 복음을 전해도 한 사람도 구원받지 못하고, 자신도 이생의 욕심에 이끌리는 것을 느끼면서 우울증에 시달린 것이다. 그는 선교를 중단하고 고향으로 돌아가야겠다는 생각까지 했다.

그때 한 친구가 그에게 편지를 보냈다. 그 편지의 내용은 다음과 같다. "이 친구야, 애쓰지 말게. 기도하려고 애쓰지 말고, 전도하려고 애쓰지도 말게. 자네가 애쓴다고 되는 일이 있던가? 율법주의자들은 애써서 그것을 이루려고 하지만, 우리 예수 믿는 사람은 그냥 믿고 예수님께 맡겨야 하네. 예수님께 붙어 있는 일에 집중하게. 예수님과 동행하는 일에만 집중하

게. 그러면 예수님이 일을 다 해 주신다네." 그리고 그 친구는 이 성경 구절을 보내 주었다. "나는 포도나무요 너희는 가지라 그가 내 안에, 내가 그 안에 거하면 사람이 열매를 많이 맺나니 나를 떠나서는 너희가 아무것도 할 수 없음이라"(요 15:5).

거룩함은 하나님과 동행하며 하나님의 말씀대로 살고 기도 생활에 집중할 때 저절로 이루어진다. 예수님은 우리가 이 땅에 사는 동안 거룩하게 살라고 말씀하셨다. 거룩한 삶은 하나님을 더 깊이 알게 하고, 예수님을 더 깊이 알게 해 준다.

우리가 추구하는 거룩함은 구원의 한 과정이다. 거룩함은 구원받은 이후 예수님을 닮아 가기 위해 노력하는 모습에서 나타나게 된다. 이것을 성화, 곧 주님의 거룩한 성품을 닮아 가는 과정이라고 한다. 우리는 한평생 주님의 거룩한 성품을 닮아 가기 위해 힘써야 한다.

더 깊은 묵상

1. 거룩함을 이룰 방법으로 새롭게 깨달은 진리가 있다면 무엇인가?

2. 거룩함을 위해 하나님의 말씀을 얼마나 가까이하는지 점검해 보라(듣기, 읽기, 성경 공부, 암송, 묵상 등).

오늘의 기도

고마우신 하나님 아버지, 주님과 동행하며 주님의 말씀대로 살고 기도 생활에 집중하게 하소서. 주님의 거룩한 성품을 닮아 가게 하소서. 예수님의 이름으로 기도합니다. 아멘.

86 내게 주어진 것이라면 당당하게

말씀 | 요한복음 18:11
예수께서 베드로더러 이르시되 칼을 칼집에 꽂으라 아버지께서 주신 잔을 내가 마시지 아니하겠느냐 하시니라

    우리는 많은 고난의 시간을 지나왔고, 지금도 지나고 있을 수 있으며, 미래의 어느 날 지날 수도 있다. 그러나 세상일은 피하는 것이 능사가 아닐 때도 있다. 피할 수 없을 때는 오히려 당당하게 그리고 담담하게 맞서서 이겨 내고자 하는 전투적인 믿음을 구하고, 그렇게 전진해 가는 태도가 필요하다.

    특별히 사명을 따라 하나님의 일을 하는 과정에서 어쩔 수 없이 당해야 하는 고난이 있다면 당당하게 그 짐을 질 수 있어야 한다. 예수님은 십자가의 길을 피하지 않으셨다. 부담스럽고 힘든 길이었지만 그 길을 가셨다. 우리를 죄에서 구원하시기 위해, 대속 제물이 되시기 위해 반드시 가야 할 길이었기 때문이다.

    예수님이 겟세마네 동산에서 마지막으로 기도하시고 제자들과 함께 계실 때, 로마 군인들과 대제사장들, 바리새파 사람들이 보낸 성전 경비병들이 예수님을 잡으러 왔다. 그때 베드로가 칼을 빼어 대제사장의 종, 말고의 귀를 자르면서까지 그들을 막고자 했다.

    예수님은 베드로의 저항을 막으셨다. 그리고 "아버지께서 주신 잔을 내가 마시지 아니하겠느냐"라고 하시며 십자가의 길을 가고자 하셨다. 하나님의 아들께서 수난을 받는 것은 있을 수 없는 일이며, 있어서도 안 되는

일이다. 그러나 구원을 이루기 위해서는 반드시 지나야 하는 고난이기에 예수님은 그 길을 마다하지 않으셨다.

우리가 예수님의 제자라면 우리에게 주어진 복음을 위해, 주님의 몸 된 교회를 위해 예수님처럼 당당하게 그리고 담담하게 고난에 맞서는 용기가 필요하다. 그뿐만 아니라 내게 주어진 고난의 몫이 있다면 그것을 잘 감당할 힘을 달라고 날마다 성령님께 간구해야 한다.

고난을 지날 때 잊지 말아야 할 것은 주님이 늘 함께하신다는 사실이다. 주님이 반드시 우리의 미래를 아름답게 만드시고 승리하게 하실 것이라는 사실을 믿어야 한다. 우리 주님과 함께하기에 고난이 그리 길지 않을 것이며, 우리 주님과 함께하기에 반드시 승리하게 될 것이다.

더 깊은 묵상

1. 예수님이 십자가의 길을 피하지 않으신 이유는 무엇인가?

2. 복음을 위해 내게 남겨 주신 고난의 몫이 있다면 그것을 어떻게 감당하겠는가?

오늘의 기도

고마우신 하나님 아버지, 지금도 복음 전도자로서 고난의 길을 걷는 사역자들과 선교사님들에게 성령의 능력을 주소서. 저 또한 주어진 십자가의 길을 묵묵히 걸어가는 제자가 되길 원합니다. 예수님의 이름으로 기도합니다. 아멘.

87 연약함을 도우소서

말씀 | 요한복음 18:25-27
시몬 베드로가 서서 불을 쬐더니 사람들이 묻되 너도 그 제자 중 하나가 아니냐 베드로가 부인하여 이르되 나는 아니라 하니 대제사장의 종 하나는 베드로에게 귀를 잘린 사람의 친척이라 이르되 네가 그 사람과 함께 동산에 있는 것을 내가 보지 아니하였느냐 이에 베드로가 또 부인하니 곧 닭이 울더라

베드로는 예수님이 심문당하시는 대제사장의 집 뜰까지 따라갔다. 사도 요한은 예수님의 심문 과정과 십자가에서 있었던 일을 소상하게 기록하고 있다. 요한이 심문 장소까지 들어가고, 마지막까지 예수님을 곁에서 지켜볼 수 있었던 것은 그가 대제사장과 잘 아는 사이였기 때문이다.

그러나 베드로는 그러지 못했다. 그런 상황에서 뜰까지 따라간 것은 대단한 용기임이 분명하다. 베드로는 명실공히 예수님의 수제자였다. 예수님을 잡으러 온 무리를 향해 칼을 휘두르며 저항했고, 예수님께 절대 예수님을 부인하지 않겠다고 단언했던 열혈남아였다.

그런데 그런 베드로가 아차 하는 순간 예수님을 부인했다. 추워서 불을 쬐려고 무리에 들어갔다가 자신은 예수님의 제자가 아니라고 하고 말았다. 다른 성경에는 "그가 저주하며 맹세하여 이르되 나는 그 사람을 알지 못하노라 하니"(마 26:72)라고 기록되어 있다. 여기서 "저주하며"라는 말은 예수님을 저주했다는 것이 아니라 '내가 그 사람을 알면 성을 간다'는 식의 강력한 부인을 의미한다. 예수님을 욕한 것으로 해석해서는 안 된다. 전해 오는 이야기에 의하면, 그날 이후 베드로는 닭 울음소리만 들어도 이때의 사건이 기억나서 울었다고 한다.

베드로는 예수님의 수제자였지만 우발적으로 실수를 저지르는 연약함을

보였다. 우리는 우리의 이런 연약함을 잊지 말아야 한다. 예수님의 구원은 우리가 전적으로 부패하고 타락하여 그 무엇으로도 구원받을 수 없는 존재임을 자각할 때 비로소 은혜로 임하게 된다. 이와 마찬가지로 우리의 연약함을 주님 앞에서 온전히 인정할 때 주님의 능력이 시작된다.

우리의 연약함이 주님 앞에서 강함이 되려면 연약함을 그대로 주님께 내어놓아야 한다. 주님의 긍휼하심과 능력을 구할 때 은혜가 선포된다. 우리는 누구나 실수를 저지른다. 그러나 그 실수가 인생을 힘들게 할 만큼 아픈 실수가 아니기를 기도한다. 회복에 더 많은 에너지가 필요하기 때문이다. 나의 온전함이 연약한 사람들을 정죄하는 수단이 되어서도 안 된다. 우리는 모두 예수님의 긍휼하심이 필요한 존재임을 잊지 말아야 한다. 연약함을 주님께 내어놓고 주님의 능력을 구하는 하루가 되었으면 좋겠다.

더 깊은 묵상

1. 베드로가 예수님을 부인한 사건을 통해서 무엇을 느꼈는가?

2. 주님 안에서 나의 연약함이 강함이 되게 하는 방법은 무엇인가?

오늘의 기도

고마우신 하나님 아버지, "선 줄로 생각하는 자는 넘어질까 조심하라"(고전 10:12)라는 말씀을 기억합니다. 늘 영적으로 깨어 있고 겸손한 삶을 살게 하소서. 연약함을 도우시는 주님을 찬양합니다. 예수님의 이름으로 기도합니다. 아멘.

88 진리가 무엇이냐

말씀 | 요한복음 18:38

빌라도가 이르되 진리가 무엇이냐 하더라 이 말을 하고 다시 유대인들에게 나가서 이르되 나는 그에게서 아무 죄도 찾지 못하였노라

    예수님이 총독 관저에서 빌라도를 만나셨다. 빌라도는 예수님께 "네가 유대인의 왕이냐"(33절)라고 물었다. 빌라도의 질문에 예수님은 자신이 왕이며 진리를 증언하러 세상에 왔다고 하셨다. 또한 예수님의 나라는 이 땅에 속하지 않았다고 하셨다. 예수님이 진리를 증언하러 오셨다는 말씀에 빌라도는 예수님께 "진리가 무엇이냐" 하고 물었다.

    빌라도는 당시 최고의 도시 로마에서 많은 공부를 했을 것이다. 여러 철학자에게서 세상의 근본에 관한 이야기와 진리에 관한 이야기를 많이 들었을 것이다. 그의 눈에 예수님은 하나님의 아들이 아니라 유대인 목수의 아들로서 유대인에게 잡혀 넘겨진 자로만 보였다. 그런데 예수님이 진리에 대해 말씀하고 계시니 의아했을 것이다.

    그렇다면 정말 진리는 무엇일까? 성경에서는 예수님이 진리라고 선포한다. 왜 예수님이 진리가 되실까? 그것은 바로 인생의 모든 답이 예수님께 있기 때문이다. 예수님은 자신을 친히 "진리"라고 말씀하셨다. "예수께서 이르시되 내가 곧 길이요 진리요 생명이니 나로 말미암지 않고는 아버지께로 올 자가 없느니라"(요 14:6).

    예수님은 우리 죄의 문제를 해결할 유일한 분이시며, 하나님과 원수 된 우리를 화목하게 할 유일한 분이시다. 또 죄로 고통받는 우리 삶을 더 행복

하게 해 주실 분이며, 우리에게 영원한 생명을 주시고 영원한 하나님 나라로 인도해 주실 분이다. 예수님은 생명의 유일한 구원자이시며 진리 그 자체이시다.

세상의 모든 학문은 하나님이 없다는 것에서 시작하여 진리를 규명하려 하니 복잡하고 사변적일 뿐이다. 그래서 답을 찾지 못하는 것이다. 그리스도인은 예수님을 하나님으로 믿는 사람들이다. 오늘도 나와 동행하시고 나의 삶을 인도하시는 하나님의 능력을 경험하기 위해 주님께 기도하며 하나님의 말씀대로 살고자 힘쓰는 사람들이다.

예수님은 우리에게 어떤 길로 가야 하는지 그 방향을 보여 주셨고, 또 어떻게 살아야 하는지 그 방법을 알려 주셨다. 나중에 함께 거할 곳에 대해서도 말씀해 주셨다. 영원한 생명이 예수님 안에 있다. 인생의 모든 답이 예수님께 있다.

더 깊은 묵상

1. 예수님이 유일한 진리이신 이유는 무엇인가?

2. 인생의 모든 답은 예수님께 있다. 예수님께 나의 문제를 간구하는 시간을 가져 보라.

오늘의 기도

고마우신 하나님 아버지, 구원자이시며 진리 되신 예수님을 믿는 믿음 안에 거하게 하소서. 예수님은 인생 모든 문제의 답이신 줄을 믿습니다. 예수님의 이름으로 기도합니다. 아멘.

89 보라 네 어머니라

말씀 | 요한복음 19:26-27

예수께서 자기의 어머니와 사랑하시는 제자가 곁에 서 있는 것을 보시고 자기 어머니께 말씀하시되 여자여 보소서 아들이니이다 하시고 또 그 제자에게 이르시되 보라 네 어머니라 하신대 그때부터 그 제자가 자기 집에 모시니라

    예수님이 십자가에 달리셨을 때 사도 요한은 십자가 밑에서 예수님의 죽음의 전 과정을 지켜보았다. 잠시 육신의 삶이 지속되는 동안 예수님은 요한에게 어머니인 마리아를 부탁하셨다. 요한은 원래 세례 요한의 제자였다(요 1:37). 그가 예수님의 심문 과정과 십자가의 죽음을 모두 지켜볼 수 있었던 것은 대제사장 가문과 친분이 두터웠기 때문이다.

    요한은 불같은 성격을 지닌 인물로, 정치적 욕망이 있고 처세를 읽을 줄 아는 사람이었다. 한번은 사마리아의 한 마을에 들어갔다가 그곳 사람들이 예수님을 영접하지 않자 하늘에서 불을 내려 그들을 멸하는 것이 어떻겠냐며 예수님께 물은 적이 있다(눅 9:54). 그리고 형 야고보와 함께 예수님께 가서, 예수님의 나라가 임하면 한 사람은 예수님의 우편에, 한 사람은 예수님의 좌편에 앉게 해 달라고 청탁하기도 했다(막 10:37). 그러나 예수님의 제자가 되고 나서 그의 인생은 완전히 다른 방향으로 가게 되었다.

    자신에게 어머니를 부탁하면서 "네 어머니"라고 하신 예수님의 말씀을 따라 요한은 한평생 마리아를 모셨다. 그리고 불같은 성격을 버리고 사랑만을 강조하는 사랑의 사도가 되었다. 이 땅에서 권력을 잡고 출세하고자 했던 욕망을 모두 버리고 하나님 나라와 하나님의 영광만을 구하는 사도가 되었다.

예수님은 구속 사역을 이루시는 마지막 순간에도 육신의 어머니를 생각하시면서 그 어머니를 사랑하는 제자에게 부탁하셨다. 부모님께 효도하는 것은 지극히 성경적이고 하나님이 기뻐하시는 일이다. 우리도 예수님처럼 육신의 부모님께 효도해야 한다.

그런데 우리의 효도는 부모님께만 국한되어서는 안 된다. 교회 공동체의 어르신들도 공경하며 예를 다해야 한다. 그분들을 마치 영적인 부모님으로 여기며 섬길 수 있어야 하는 것이다. 비록 혈육으로 연결되지는 않았어도 예수님을 믿는 믿음 가운데 영적으로 이어졌다면, 마음을 다하여 그분들도 섬겨야 한다.

효도는 가정에서 경건을 실천하는 것이다. 하나님이 주신 부모님에 대한 명령을 성실하게 행하는 것이 바로 효도다. 그리스도인은 부모님께 효도하는 사람임을 명심해야 한다.

더 깊은 묵상

1. 예수님이 어머니인 마리아를 부탁하셨을 때 사도 요한은 어떻게 했는가?

2. 부모님과 교회 어르신들을 어떻게 섬겨야겠는가?

오늘의 기도

고마우신 하나님 아버지, 부모님과 교회 어르신들을 공경하며 예를 다하여 섬기는 그리스도인이 되게 하소서. 예수님의 이름으로 기도합니다. 아멘.

90 다 이루었다

말씀 | 요한복음 19:30
예수께서 신 포도주를 받으신 후에 이르시되 다 이루었다 하시고 머리를 숙이니 영혼이 떠나가시니라

    십자가에 달리신 예수님은 "다 이루었다"라고 말씀하신 후 운명하셨다. "다 이루었다"라는 말씀은 헬라어로 '테 텔레스타이'라고 하는데, 누군가 빚을 진 사람이 빚을 다 갚았을 때도 이 말을 썼다고 한다. 빚이 있는 사람이 빚을 다 갚으면 돈을 빌려준 사람이 종이 위에 이제 다 갚았다는 의미로 '테 텔레스타이'라고 쓴 것이다.
    예수님이 "다 이루었다"라고 하신 것은 '이제야 내가 네 죄의 빚을 다 갚았다.'라는 의미다. 예수님은 하나님의 아들로서 죄 없이 태어나셨고 또 죄 없이 사셨다. 하지만 우리 죄를 대속하시기 위해 하나님의 뜻에 따라 기꺼이 십자가를 지셨다.
    하나님은 우리가 죄 사함을 받고 구원받기 위해 스스로 할 수 있는 일이 전혀 없다는 것을 아셨기에, 예수님께 대신 죗값을 치르게 하셨다. 그리고 예수님의 죽으심이 나의 죄로 인한 일임을 믿는 믿음이 있다면, 그 믿음을 보시고 의롭다 하시며 하나님의 의를 주기로 작정하셨다.
    예수님은 하나님의 구원 계획에 따라 십자가에서 대속 제물이 되셨다. 우리 죄를 사하시기 위해 하나님의 어린양이 되셨다. 예수님의 죽으심이 나의 죄로 인한 일임을 믿는 사람에게 하나님은 죄의 용서와 영생을 선물로 주신다.

십자가에서 하나님이 보이신 사랑은 영원한 신비다. 예수님은 이 땅에서 죄 없이 사시다가 대속 제물이 되셨다. 우리의 죗값을 십자가에서 다 갚으신 예수님은 "이제야 내가 네 죄의 빚을 다 갚았다."라고 선언하신 후 육신의 운명을 맞이하셨다.

더 깊은 묵상

1. "다 이루었다"라는 말씀의 뜻은 무엇인가?

2. 죄인인 내가 어떻게 죄 사함을 받아 하나님의 의를 이루게 되는가?

오늘의 기도

하나님 아버지, 저의 죄를 용서하시고 구원을 베푸시기 위해 독생자 예수 그리스도를 십자가에서 대속 제물이 되게 하신 은혜에 감사합니다. 예수님을 믿는 믿음을 보시고 구원을 베풀어 하나님의 자녀가 되게 하시니 감사합니다. 예수님의 이름으로 기도합니다. 아멘.

91 준비되면 쓰임 받는다

말씀 | 요한복음 19:38-39
아리마대 사람 요셉은 예수의 제자이나 유대인이 두려워 그것을 숨기더니 이 일 후에 빌라도에게 예수의 시체를 가져가기를 구하매 빌라도가 허락하는지라 이에 가서 예수의 시체를 가져가니라 일찍이 예수께 밤에 찾아왔던 니고데모도 몰약과 침향 섞은 것을 백 리트라쯤 가지고 온지라

    섬김의 기회는 준비된 사람에게 온다. 그렇다고 기회를 만들려고 애쓰기보다는 스스로 준비되는 것이 더 지혜로운 삶이다.
    예수님이 십자가에서 운명하셨을 때 예수님의 시신을 누일 무덤이 준비되어 있지 않았다. 제자들은 예수님이 십자가 죽음을 예언하실 때 그 말씀을 믿지 않았고 받아들이려고 하지도 않았다. 예수님이 돌아가신 이후 예수님 곁을 지키던 제자들은 온데간데없고, 그동안 잘 알려지지 않았던 제자인 니고데모와 아리마대 요셉이 예수님의 장례를 진행했다.
    아리마대 요셉은 빌라도에게 직접 찾아가서 예수님의 시신을 거두게 해 달라고 요청했다. 니고데모는 몰약에 침향을 섞은 것을 33킬로그램 정도 가지고 왔다. 이것은 경제적으로 부담스러운 일이기도 하지만 유대 사회에서 비난을 받거나 심지어는 출교도 감수해야 하는 일이었다.
    하지만 아리마대 요셉과 니고데모는 예수님의 죽으심 앞에서 신앙의 용기를 보였다. 부자이면서 높은 직위를 가지고 있는 그들은 예수님의 제자라는 이유로 모든 것을 잃게 될까 두려움도 있었지만, 결국 적극적이고 담대한 믿음을 드러냈다.
    예수님은 부활하시기 전까지 아리마대 요셉이 준비한 무덤에 머무셨다. 아리마대 요셉이 준비한 무덤은 그가 자신이 죽으면 들어갈 무덤으로 파

둔 새 무덤이었다. 그런데 그가 준비한 이 무덤이 예수님을 위해 쓰이게 되었다. 물론 예수님을 위해 살겠다고 열심히 준비하며 사는 것도 귀한 일이다. 그러면 하나님이 반드시 그 준비된 사람을 사용하신다. 하지만 아리마대 요셉처럼 하나님의 뜻과는 상관없이 자신을 위해 준비하는 삶을 살더라도 하나님이 하나님의 때에 하나님을 위해 사용하신다. 즉, 준비되어 있으면 어떤 모습으로든지 쓰임 받게 되는 것이다.

우리는 오늘도 열심히 살아야 한다. 동시에 늘 미래를 준비하는 지혜도 있어야 한다. 잘 준비되어 있으면 하나님이 원하시는 때에 하나님의 방법대로 쓰임 받을 수 있게 된다. 아리마대 요셉처럼 비록 자신을 위해 준비한 것일지라도 주님을 위해 아름답게 쓰임 받는 영광을 누렸으면 좋겠다.

더 깊은 묵상

1. 아리마대 요셉은 예수님을 위해서 무엇을 했는가?

2. 하나님께 쓰임 받기 위해서 무엇을 준비해야겠는가?

오늘의 기도

고마우신 하나님 아버지, 주님의 나라와 주님의 영광을 위해 늘 준비된 삶을 살게 하소서. 잘 준비되어 주님이 쓰시고자 하실 때 기쁨으로 헌신할 수 있는 성도가 되길 원합니다. 예수님의 이름으로 기도합니다. 아멘.

92 가장 위대한 아침

말씀 | 요한복음 20:16-17

예수께서 마리아야 하시거늘 마리아가 돌이켜 히브리 말로 랍오니 하니 (이는 선생님이라는 말이라) 예수께서 이르시되 나를 붙들지 말라 내가 아직 아버지께로 올라가지 아니하였노라 너는 내 형제들에게 가서 이르되 내가 내 아버지 곧 너희 아버지, 내 하나님 곧 너희 하나님께로 올라간다 하라 하시니

예수님이 십자가에서 죽으시고 장사한 그다음 날은 안식일이었다. 안식일에는 노동하지 말라는 규례에 의해 그날은 먼 길을 다닐 수 없었다. 그래서 안식일이 끝나자마자 이른 시간에 여인들이 예수님의 무덤을 찾아갔다. 그런데 돌로 막아 놓은 무덤 문이 열려 있고, 예수님의 시신이 보이지 않았다. 여인들은 이 사실을 제자들에게 이야기했고, 베드로와 제자들은 와서 빈 무덤을 확인한 후 다시 돌아갔다. 그리고 막달아 마리아만 홀로 동산에 남아 있다가 예수님을 만나게 되었다.

예수님은 부활하신 이후 막달라 마리아에게 처음 보이셨다. 왜 그러셨을까? 그것은 주님을 사랑하는 막달라 마리아의 마음을 아셨기 때문이다. 막달라 마리아는 전에 일곱 귀신이 들렸다가 예수님께 고침을 받은 여인이다(막 16:9).

막달라 마리아가 무덤 밖에 서서 울고 있는데, 그때 주님이 나타나셔서 그녀를 만나 주셨다(15절). 막달라 마리아는 가장 먼저 예수님께 달려가고 가장 나중까지 예수님의 무덤에 남아 있었던 사람이다. "나를 사랑하는 자들이 나의 사랑을 입으며 나를 간절히 찾는 자가 나를 만날 것이니라"(잠 8:17).

이날 막달라 마리아는 죽음을 이기고 부활하신 예수님을 처음으로 만난 사람이 되었다. 아담 이후 죽음이 들어왔지만, 드디어 예수님이 죽음을 정

복하시고 부활의 승리를 주신 일의 첫 번째 증인이 되었다. 예수님의 부활은 예수님을 믿는 모든 사람의 몸이 부활하게 될 것을 보여 주는 사건이기도 하다.

「저 장미꽃 위에 이슬」이라는 찬송가가 있다. 마일즈라는 사람이 만든 곡인데, 그는 막달라 마리아가 예수님을 만나 절대 절망과 슬픔이 절대 희망과 기쁨으로 바뀐 일을 소재로 이 찬송가를 쓰게 되었다. "저 장미꽃 위에 이슬 아직 맺혀 있는 그때에 / 귀에 은은히 소리 들리니 주 음성 분명하다 / 주님 나와 동행을 하면서 나를 친구 삼으셨네 / 우리 서로 받은 그 기쁨은 알 사람이 없도다"(새찬송가 442장).

주님을 사랑하는 사람이 주님의 사랑을 받으며, 주님을 간절히 찾는 사람이 주님의 은혜를 입게 된다. 막달아 마리아는 역사상 가장 위대한 죽음을 이긴 아침을 맞이했다. 주님이 그녀에게 베푸신 사랑과 주님의 음성이 주는 은혜는 그 사랑을 받은 사람 외에는 알 수 없다.

더 깊은 묵상

1. 막달라 마리아가 부활하신 예수님을 처음 만난 사람이 된 이유는 무엇인가?

2. 예수님의 부활이 나에게 주는 의미와 교훈은 무엇인가?

오늘의 기도

하나님 아버지, 절대 절망을 절대 희망으로 바꿔 주시고 우리의 죽음을 정복하게 해 주시니 감사합니다. 주님의 사랑으로 주님의 은혜를 입으며 주님이 저에게만 주시는 그 기쁨을 누리게 하소서. 예수님의 이름으로 기도합니다. 아멘.

93 도마의 믿음

말씀 | 요한복음 20:27-29

도마에게 이르시되 네 손가락을 이리 내밀어 내 손을 보고 네 손을 내밀어 내 옆구리에 넣어 보라 그리하여 믿음 없는 자가 되지 말고 믿는 자가 되라 도마가 대답하여 이르되 나의 주님이시요 나의 하나님이시니이다 예수께서 이르시되 너는 나를 본 고로 믿느냐 보지 못하고 믿는 자들은 복되도다 하시니라

　예수님이 부활하신 이후 많은 제자에게 나타나셨지만 도마는 그 자리에 없었다. 다른 제자들이 도마에게 주님을 보았다고 했을 때, 그는 예수님의 손에 있는 못 자국에 손가락을 넣어 보고 예수님의 옆구리에 손을 넣어 보지 않고는 믿지 못하겠다고 했다. 확실한 증거가 있어야 믿겠다는 뜻이었다.

　도마는 굉장히 강직한 성품을 지닌 인물이었다. 예수님은 그런 도마를 잘 아시기에 그에게 직접 나타나셔서 못 자국과 창 자국을 보여 주셨다. 그리고 예수님을 보지 않고도 믿는 사람은 복이 있다고 말씀하셨다.

　원래 믿음은 의심에서 시작된다. 의심을 검증한 이후 믿음이 생긴다. 맹목적인 믿음은 사실 위험하다. 그래서 일반적으로 본다면 도마와 같은 태도는 좋은 태도라고 할 수 있다. 그러나 도마가 잘못한 점은 예수님의 부활을 검증하기 위해 예수님의 못 자국과 창 자국을 보려 하는 것이 아니라, 예수님을 따르는 3년 동안 예수님의 행적과 예수님의 말씀과 예수님의 성품, 그리고 성경의 예언과 성취 등을 통해 예수님이 하나님의 아들이신지를 검증했어야 한다는 것이다. 그때 바르게 예수님을 알았다면 부활에 대한 검증을 요청할 필요가 없었을 것이다.

　우리는 주님의 부활을 믿는다. 그리고 주님의 부활이 나중에 우리의 부활이 될 것을 믿는다. 예수님의 행적과 예수님의 말씀과 예수님의 성품,

그리고 성경의 예언과 성취 등 모든 면을 통해 예수님을 알아 갈수록 그분이 하나님의 아들이시며 나의 구원자이심을 고백하게 된다. 이 믿음이 선행된다면 부활을 확인하지 않고도 믿을 수 있게 된다.

도마는 의리 있는 제자였다. 성격이 강직하고, 자신의 사익보다는 공익을 위할 줄 아는 사람이었다. 예수님이 원하신다면 기꺼이 자기 목숨을 내어놓을 수도 있는 사람이었다. 부활하신 예수님을 만난 이후 그는 부활을 믿으며 복음을 전하는 삶을 살다가 순교했다. 우리는 신앙에 있어서나 삶에 있어서나 의리 있는 그리스도인이 되어야 한다.

더 깊은 묵상

1. 도마의 신앙 태도에서 좋은 점과 잘못된 점은 무엇인가?

2. 우리는 예수 그리스도의 부활을 어떤 과정을 통해 믿어야 하는가?

오늘의 기도

고마우신 하나님 아버지, 믿음에 있어서나 삶에 있어서나 의리 있는 신실한 그리스도인이 되게 하소서. 예수님의 이름으로 기도합니다. 아멘.

94 뒤돌아서지 않겠네

말씀 | 요한복음 21:3

시몬 베드로가 나는 물고기 잡으러 가노라 하니 그들이 우리도 함께 가겠다 하고 나가서 배에 올랐으나 그날 밤에 아무것도 잡지 못하였더니

    복음성가 중에 「주님 뜻대로 살기로 했네」라는 찬양이 있다. 그 찬양 가사 중에 '뒤돌아서지 않겠네'라는 가사가 있다. 복음 사역자로 산다는 것은 오직 앞으로만 가는 삶을 산다는 것이다. 십자가를 향해서, 가나안을 향해서 오직 앞으로만 나아간다는 것이다. 뒤엣것은 잘한 것도 잊어버리고, 못한 것도 잊어버리고 앞으로만 가는 삶을 살아야 한다. 사역자에게 있어서 뒤돌아서는 것만큼 서글픈 일은 없을 것이다.

    디베랴 바다에서 있었던 일이다. 제자들이 한자리에 모여 있는데 베드로가 물고기를 잡으러 가겠다고 했다. 그러자 제자들이 모두 그를 따라나섰다. 실로 정말 오랜만에 그물을 잡아 보는 것이었다. 이들이 재미 삼아 물고기를 잡으러 나간 것인지, 생업을 위해 물고기를 잡으러 나간 것인지는 알 수 없다. 배와 그물과 물고기 잡는 도구를 어떻게 다시 구했는지도 알 수 없다. 분명한 것은 이들이 다시 배를 타고 그물을 치는 어부로 돌아갔다는 것이다.

    어부 출신 제자들은 그물과 배를 모두 버려두고 예수님을 따를 때 '배를 타고 물고기를 잡는 것도 오늘이 마지막이구나.' 하며 작별 인사를 했을 것이다. 3년 뒤에 다시 배를 타고 그물을 칠 줄은 그 누구도 상상하지 못했을 것이다. 그러나 그런 일이 일어나고 말았다.

우리는 자신을 너무 과신해서는 안 된다. 절대 예수님 곁을 떠나지 않겠다고 선언했던 베드로도 예수님을 부인했다. 예수님을 따르겠다고 결심하면서 배와 그물을 버렸던 제자들도 다시 배를 타고 그물을 잡았다. 우리는 연약하다. 그러니 절대 우리의 믿음을 과신해서는 안 된다. 하나님의 은혜가 아니면 우리의 믿음이 아무것도 아니라는 사실을 늘 잊지 말아야 한다. "그런즉 선 줄로 생각하는 자는 넘어질까 조심하라"(고전 10:12).

지금 우리가 여기 이렇게 설 수 있는 것은 다 주님의 은혜 덕분이다. 주님이 우리를 잡아 주시기 때문에 넘어지지 않고 서 있는 것이다. 우리는 우리의 믿음을 과신하지 말고 늘 겸손해야 한다. 그리고 절대 뒤돌아서지 말아야 한다. 주님의 제자가 되기로 결단했다면 오직 십자가만 바라보며 앞으로 나아가야 한다.

더 깊은 묵상

1. 다시 물고기를 잡는 제자들의 모습을 통해 무엇을 느꼈는가?

2. 믿음의 진보를 위해 이전에 가졌던 믿음의 목표가 무엇이었는지 점검해 보라.

오늘의 기도

고마우신 하나님 아버지, 천국 가는 그날까지 오직 십자가만 바라보며 앞으로 나아가게 하소서. 예수님의 이름으로 기도합니다. 아멘.

95 예수님의 배려

말씀 | 요한복음 21:6
이르시되 그물을 배 오른편에 던지라 그리하면 잡으리라 하시니 이에 던졌더니 물고기가 많아 그물을 들 수 없더라

'배려'라는 단어는 참 좋은 단어다. 배려는 다른 사람의 눈높이에 맞추는 사랑을 말한다. 하나님의 말씀을 읽고 묵상할 때마다 하나님은 배려의 하나님이시라는 사실이 늘 마음에 다가온다. 우리의 연약함을 아시고 그 모습 그대로 받아 주기 위해 우리를 배려하시는 하나님의 사랑과 은혜에 그저 감사할 따름이다.

부활하신 예수님이 물고기를 잡는 제자들에게 다가가셨다. 밤새도록 잡았지만 한 마리도 잡지 못한 상황이었다.

"얘들아, 너희에게 고기가 있느냐?"

"없습니다."

"그물을 배 오른편에 던져 보아라. 그러면 잡게 될 것이다."

예수님과 제자들의 거리는 약 100미터 정도 되었다(8절). 갈릴리 고요한 새벽 바다 너머로 제자들에게 안부를 전하는 예수님의 목소리가 들려왔고, 이에 제자들이 큰 소리로 답했다.

배 오른편으로 그물을 던지자 물고기가 엄청나게 많이 잡혔다. 참 신기한 일이다. 밤새도록 잡지 못한 물고기가 왜 배 오른편에 다 모여 있었을까? 제자들은 왜 그 사실을 몰랐을까? 혹시 이처럼 인간의 능력 이상의 결과를 경험한 적이 있는가? 그러면 놀랍다 못해 두려움마저 생길 것이다.

사람이 한 일이 아니라 하나님이 개입하신 일임을 알게 되니 말이다.

제자들은 그물에 고기가 많이 걸리는 것을 보고 바닷가에서 말씀하신 분이 주님이시라는 것을 알게 되었다. 예수님을 처음 만난 그날도 밤새도록 안 잡히던 물고기가 예수님이 말씀하신 이후 엄청나게 잡혔기 때문이다.

우리 예수님은 참 자상하고 멋진 분이시다. 그냥 제자들에게 다가가실 수도 있었을 텐데 예수님과 그들이 처음 만났던 때가 기억나도록 그물에 물고기를 가득 담아 주셨으니 말이다. 예수님을 만나 제자가 된 그날의 추억이 떠올랐을 때 제자들은 만감이 교차했을 것이다. 예수님이 자신들을 부르셨던 그날을 기억하면서 실패한 자기 모습을 돌아보기도 했을 것이다. 그리고 자신들을 다시 부르시는 주님의 심정을 느끼게 되었을 것이다.

자상하게 다가와서 제자들이 스스로 주님을 알게 하신 예수님은 배려의 주님이시다. 자상하고 배려가 많으신 예수님의 성품을 우리도 닮아 갔으면 좋겠다.

더 깊은 묵상

1. 물고기를 가득 잡은 제자들은 무슨 생각이 들었겠는가?

2. 제자들에게 다시 사명을 주기 위해 그들을 부르시는 예수님의 모습에서 무엇을 느꼈는가?

오늘의 기도

고마우신 하나님 아버지, 자상하고 배려가 많으신 예수님의 성품을 닮길 원합니다. 예수님의 이름으로 기도합니다. 아멘.

96　예수님이 차려 주신 식사

말씀 | 요한복음 21:11-12

시몬 베드로가 올라가서 그물을 육지에 끌어 올리니 가득히 찬 큰 물고기가 백쉰세 마리라 이같이 많으나 그물이 찢어지지 아니하였더라 예수께서 이르시되 와서 조반을 먹으라 하시니 제자들이 주님이신 줄 아는 고로 당신이 누구냐 감히 묻는 자가 없더라

제자들이 배를 몰고 바닷가에 도착했다. 그런데 육지에 올라와 보니 숯불 위에 생선이 놓여 있고 떡도 있었다. 예수님이 아침 식사를 준비해 두신 것이었다. 새벽 바닷가에서 예수님이 준비하신 아침 식사를 마주한다고 상상해 보라. 생각만 해도 신나지 않겠는가? 예수님은 제자들에게 잡은 물고기를 조금 가져오라고 말씀하셨다. 그물 안에는 물고기가 153마리나 들어 있었다.

예수님은 제자들이 복음 전하러 나간 것이 아니라 밤새 물고기를 잡으러 나간 것인데 전혀 개의치 않고 제자들을 위해 아침 식사를 준비해 주셨다. 우리가 섬기는 예수님은 이처럼 사랑이 풍성한 하나님이시다.

제자들이 바닷가에서 예수님을 만난 때는 예수님이 부활하신 이후다. 그들이 예수님을 부인하고 떠난 지 얼마 되지 않은 시점이었다. 제자들의 마음에는 스승이신 예수님께 충성스럽지 못했던 것에 여전히 불편함이 남아 있었을 것이다.

함께 식사하는 것은 회복을 의미한다. 가족을 '식구'라고 하기도 하는데, 식구는 '함께 밥을 먹는 사람'이라는 뜻이다. 함께 식사할 때 서먹한 감정이 풀리고 어색함도 사라지게 된다. 식사에는 관계를 회복시키는 힘이 있기 때문이다.

「바베트의 만찬」이라는 영화가 있다. 덴마크의 한 작은 마을에서 바베트라는 여인이 마을 사람들에게 프랑스식 만찬을 대접했는데, 이 만찬을 함께한 사람들이 서로 관계가 풀리고 마음이 풀리고 우정이 새로워진 이야기다. 소박하지만 마음이 참 따뜻해지는 영화다. 음식을 함께 나누는 것은 관계를 회복시키는 힘이 있다는 것을 아주 잘 보여 준다.

예수님은 바닷가에서 제자들을 위해 아침 식사를 준비해 주셨다. 누군가를 위해 정성껏 식사를 준비하는 것은 즐거운 일이다. 물론 매일 밥을 하는 주부들에게는 힘든 일일 수도 있겠지만, 특별한 대접을 위해 식사를 준비할 때는 준비하는 사람이나 초대받는 사람이나 모두 기쁘고 행복할 것이다. 정성을 다해 섬기는 식사는 서로에게 기쁨을 준다. 이 식탁에 하나님 나라의 행복이 나타나게 된다.

더 깊은 묵상

1. 아침 식사를 준비해 주신 예수님의 모습에서 무엇을 느꼈는가?

2. 그리스도의 형제 사랑을 나누기 위해 식사를 대접하고 싶은 사람이 있다면 실천해 보라.

오늘의 기도

고마우신 하나님 아버지, 우리의 식사 교제 위에 하나님의 사랑이 넘치게 하시고, 늘 섬기며 대접하는 그리스도인이 되게 하소서. 예수님의 이름으로 기도합니다. 아멘.

97 사랑의 힘으로 사역하라

말씀 | 요한복음 21:15

그들이 조반 먹은 후에 예수께서 시몬 베드로에게 이르시되 요한의 아들 시몬아 네가 이 사람들보다 나를 더 사랑하느냐 하시니 이르되 주님 그러하나이다 내가 주님을 사랑하는 줄 주님께서 아시나이다 이르시되 내 어린양을 먹이라 하시고

예수님은 아침을 드신 후에 시몬 베드로에게 이렇게 물으셨다. "요한의 아들 시몬아 네가 이 사람들보다 나를 더 사랑하느냐." 베드로는 이에 "주님 그러하나이다"라고 대답했다. 그런데 예수님은 베드로에게 이 질문을 세 번 하셨다. 확고하게 대답했는데 상대방이 연거푸 같은 질문을 하면 불안하지 않겠는가? 아마 베드로도 그러했을 것이다.

예수님은 "네가 이 사람들보다 나를 더 사랑하느냐"라는 질문을 통해 예수님에 대한 베드로의 사랑을 확인하셨다. 사실 예수님은 베드로의 마음을 이미 알고 계셨을 것이다. 비록 실수를 저지르긴 했지만, 그가 여전히 예수님을 사랑하고 있으며 그의 마음이 충성되다는 것을 누구보다 잘 아셨을 것이다. 그런데도 예수님은 베드로에게 같은 질문을 계속하셨다. 그리고 베드로의 대답에 "내 어린양을 먹이라"라고 말씀하셨다. 예수님을 사랑하는지 확인하시면서 베드로에게 사명을 주신 것이었다.

베드로는 모닥불 옆에서 무리 틈에 끼어 불을 쬐다가 예수님을 모른다고 세 번 부인했었다. 그런데 이번에는 예수님이 모닥불을 피워 두시고 제자들이 둘러 있는 곳에서 베드로에게 자신을 사랑하냐고 세 번 물으셨다. 베드로의 아픈 마음을 치유하시고 다시금 사명으로 살게 하시려는 예수님의 깊은 마음이 느껴진다.

우리는 주님의 일을 할 때 어떻게 해야 하는가? 무엇으로 해야 하는가? 예수님은 이에 대해 명확하게 말씀해 주셨다. 하나님의 일을 할 때는 예수님을 사랑하는 힘으로 해야 한다. 예수님을 사랑하는 힘이 곧 사명을 감당할 힘이 된다. 사역의 원동력은 예수님을 사랑하는 힘에서 나온다.

주님의 일을 하기 위해서는 주님을 사랑하는 마음이 더 커지게 해 주시길 기도해야 한다. 더 큰 사역자가 되려고 힘쓰기보다는 주님을 더 사랑하는 일에 힘써야 한다. 신앙생활을 하다 보면 주님을 사랑하는 힘으로 주님의 일을 감당하게 될 날이 올 것이다. 주님의 사랑이 내게 흘러넘치면 주님의 성도들을 돌아보게 될 것이다.

더 깊은 묵상

1. 예수님은 베드로에게 무슨 질문을 하셨는가?

2. 예수님을 사랑한다는 베드로에게 예수님은 무엇을 부탁하셨는가?

오늘의 기도

고마우신 하나님 아버지, 주님을 더 사랑하길 원합니다. 그 사랑의 힘으로 사역하길 원합니다. 주님께 받은 사랑을 세상에 나누며 살게 하소서. 예수님의 이름으로 기도합니다. 아멘.

베드로의 노년과 순교

말씀 | 요한복음 21:18

내가 진실로 진실로 네게 이르노니 네가 젊어서는 스스로 띠 띠고 원하는 곳으로 다녔거니와 늙어서는 네 팔을 벌리리니 남이 네게 띠 띠우고 원하지 아니하는 곳으로 데려가리라

    예수님은 베드로에게 그가 젊어서는 가고 싶은 곳을 다녔으나, 늙어서는 다른 사람들이 그의 팔을 벌리고 그가 원하지 않는 곳으로 데려갈 것이라고 말씀하셨다. 예수님이 이렇게 말씀하신 것은, 베드로가 어떤 죽음으로 하나님께 영광을 돌리게 될지 암시하신 것이라고 사도 요한은 부연 설명한다. 이 말씀대로 베드로는 예수님처럼 십자가에서 순교했다. 전승에 의하면, 감히 예수님처럼 바로 십자가에 달려 죽을 수 없다고 하여 거꾸로 십자가에 달렸다고 한다.

    베드로의 노년과 죽음에 관한 오늘 말씀을 묵상하다 보면 우리 삶도 이 말씀과 유사하다는 것을 느끼게 된다. 우리는 젊을 때는 자기 마음대로 행하며 원하는 곳으로 가려고 한다. 하지만 나이가 들어 교회나 가정에서 중요한 위치에 올라가게 되면 자기보다는 남을 위해서 해야 하는 일이 더 많아지게 된다. 세월이 더 흐르면 자기 스스로 결정하고 움직이기보다는 남들이 끌어 주는 곳으로 가게 되는 일이 많아진다.

    오늘 말씀을 묵상하다 보면 이런 마음이 들기도 한다. '이제까지는 네 마음대로 이기적으로 살았다면, 앞으로는 하나님 나라를 위해 살고 다른 사람들의 영혼 구원을 위해 이타적으로 살라'는 당부가 담긴 것은 아닐까 싶다. 세월은 우리를 성숙하게 만든다. 말씀을 좀 더 깊이 묵상하고 주님의

뜻대로 살기로 힘쓴다면 더 빨리 성숙하게 될 것이다.

우리가 죽음 앞에 서게 되고 예수님 앞에 서게 되는 날이 오면 우리 인생에 남는 것은 무엇일까? 아마 주님을 위해 얼마나 열심히 주님의 일을 하며 살았는가일 것이다. 우리가 천국에 머물게 될 때는 이 땅에서 누린 부귀영화가 아무것도 아니게 된다. 그러나 주님의 일을 감당하고 영혼 구원에 힘쓰며 살았다면 하나님 나라에서 영광스러운 상급을 받게 될 것이다.

더 깊은 묵상

1. 베드로는 어떻게 순교했는가?

2. 나는 주님의 일을 감당하고 있는가?

오늘의 기도

고마우신 하나님 아버지, 하나님의 사람들을 더 많이 돕길 원합니다. 하나님의 일을 더 많이 하길 원합니다. 주님 앞에 서는 날, 착하고 충성된 종으로 칭찬받길 원합니다. 예수님의 이름으로 기도합니다. 아멘.

99 사명에만 집중하라

말씀 | 요한복음 21:21-22
이에 베드로가 그를 보고 예수께 여짜오되 주님 이 사람은 어떻게 되겠사옵나이까 예수께서 이르시되 내가 올 때까지 그를 머물게 하고자 할지라도 네게 무슨 상관이냐 너는 나를 따르라 하시더라

베드로가 어떤 죽음으로 하나님께 영광을 돌리게 될지 말씀하시고 나서, 예수님은 베드로에게 "나를 따르라"(19절) 하고 명령하셨다. 제자의 삶은 주님을 따르는 삶이기 때문이다. 베드로는 예수님께 요한은 어떻게 되는지 물었다. 그러자 예수님은 예수님이 다시 오실 때까지 요한이 살아 있기를 바란다고 한들, 그것은 베드로와 상관없는 일이라고 하시면서 자신을 따르라고 다시 말씀하셨다.

이 말씀은 요한이 어떻게 죽는지에 관심 두지 말고 자기 할 일에 최선을 다하라는 뜻이다. 다른 제자가 어떤 길을 걷게 되든 상관하지 말고 주어진 사명을 위해 더 열심히 예수님을 따르는 제자가 되라는 당부였다. 그런데 이 말씀 때문에 제자들 사이에 요한은 죽지 않을 것이라는 소문이 퍼졌다. 따라서 요한은 다음과 같이 이 말씀을 다시 설명해 준다. "예수의 말씀은 그가 죽지 않겠다 하신 것이 아니라 내가 올 때까지 그를 머물게 하고자 할지라도 네게 무슨 상관이냐 하신 것이러라"(23절).

우리는 다른 사람의 일에 관심이 참 많다. 그런데 경쟁적인 관심은 서로를 피곤하게 하고, 소모적인 싸움을 일으키며, 결국은 서로를 망하게 한다. 다른 사람이 나보다 더 낫다고 슬퍼하고 나보다 못하다고 기뻐하는 삶을 살아서는 안 된다. 정말 중요한 경쟁자는 바로 나 자신이다. 나와 경쟁

하여 이겨야 한다. 어제보다 더 나은 오늘이 되도록 노력하고, 오늘보다 더 나은 내일을 만들어 가야 한다. 어떤 이들은 나보다 더 앞서갈 수도 있다. 그렇다면 그들을 축복해 주고 격려해 주어야 한다. 그들은 우리의 경쟁자가 아니다. 진정한 경쟁자는 나 자신임을 기억해야 한다.

사역도 마찬가지다. 산만하게 이곳저곳 돌아보며 다른 사람들이 잘되고 못되는 것에 관심 두지 말고 내게 주어진 사명을 묵묵히 감당하는 태도가 필요하다.

우리는 우리 삶을 자주 돌아봐야 한다. 다른 사람과 비교하지 말고 오로지 자신에게 집중하며 나의 신앙이 진보하고 있는지 점검해야 한다. 주님을 사랑하는 마음과 교회를 사랑하는 마음이 커지고 있는지, 헌신과 섬김이 많아지고 있는지, 주님의 인격을 닮아 가고 있는지 살펴보면서 신앙의 성숙을 이뤄 가야 한다.

더 깊은 묵상

1. 내가 주님을 따르고 섬기는 데 방해되는 것은 무엇인가?

2. 믿음의 진보를 위해 더욱 힘써야 할 부분은 무엇인가?

오늘의 기도

고마우신 하나님 아버지, 주님이 십자가의 길을 가셨듯이 저에게 주어진 사명의 길을 묵묵히 잘 수행하며 주님을 따르게 하소서. 예수님의 이름으로 기도합니다. 아멘.

100 사랑받는 사람의 행복

말씀 | 요한복음 21:24
이 일들을 증언하고 이 일들을 기록한 제자가 이 사람이라 우리는 그의 증언이 참된 줄 아노라

누군가를 사랑하는 것은 참 행복한 일이다. 그러나 정말 행복한 일은 사랑받는 것이다. 누군가를 사랑하면서 행복해지려면 더 높은 인격이 필요하다. 우리는 누군가에게 사랑받는다고 느낄 때, 누군가에게 소중한 사람이라는 것을 알게 될 때 행복을 느끼게 된다. 우리는 그런 사랑을 받을 자격이 충분하며, 무엇보다 하나님의 사랑을 받으며 살아야 한다.

사도 요한은 요한복음을 기록할 때 처음에는 자신의 이름을 밝히지 않는다. "그 제자"라는 표현을 사용하다가 예수님을 만난 이후에는 "예수께서 사랑하시는 그 제자"라고 자신을 소개한다. 그러다 마지막에 그 사람이 바로 자신이라고 밝힌다. 요한복음은 이렇게 상당한 문학적인 표현을 사용하고 있다.

"오직 이것을 기록함은 너희로 예수께서 하나님의 아들 그리스도이심을 믿게 하려 함이요 또 너희로 믿고 그 이름을 힘입어 생명을 얻게 하려 함이니라"(요 20:31). 요한은 우리가 유일한 구원자이신 예수님을 믿고 구원에 이르기를 바라는 마음으로 이 책을 기록했다.

요한이 요한복음을 기록할 당시 모든 제자가 순교했다. 그리고 자신도 인생의 마지막 시점을 향해 가고 있었다. 그는 모든 순간을 되돌아볼 때 자신이 예수님의 사랑을 가장 많이 받은 사람이라고 느꼈다. 참 귀하고 아름

다운 일이다. 우리도 요한처럼 그러했으면 좋겠다. 예수님의 사랑을 가장 많이 받는 사람이 바로 나 자신이라는 자의식을 가졌으면 좋겠다. 이 사랑이 어느 곳에 있든지, 무엇을 하든지 우리를 견고하게 세워 줄 것이다.

예수님은 우리를 사랑하신다. 우리를 너무나도 사랑하셔서 자신을 십자가에 내어 주심으로 우리를 죄에서 구원하시고 영생을 선물로 주셨다. 예수님은 우리의 행복을 위해 자신의 생명을 십자가에 기꺼이 드리신 분이다. 우리는 이런 어마어마한 사랑을 받는 사람들이다.

요한복음을 묵상하면서 계속 생각난 찬양이 있다. 바로「내 안에 가장 귀한 것」이라는 찬양이다. "내 안에 가장 귀한 것 예수를 앎이라 / 금은보다 더 귀한 것 예수를 앎이라 / 세상 지식보다 귀한 것 예수를 앎이라 / 내 안에 가장 귀한 것 예수를 앎이라 / 예수의 이름 존귀한 그 이름 / 예수의 이름 능력의 그 이름."

이 책이 예수님을 더 깊이 알고 더 깊이 믿도록 인도하는 일에 귀하게 쓰임 받기를 소망한다.

더 깊은 묵상

1. 사도 요한이 요한복음을 기록한 목적은 무엇인가?

2. 예수님의 사랑을 충족히 받은 사람들이 누리는 유익은 무엇인가?

오늘의 기도

하나님 아버지, 사도 요한이 요한복음을 기록하게 하시어 예수님이 이 땅에 오신 유일한 구원자이심을 알려 주시니 감사합니다. 이 말씀을 통해 예수님을 더 깊이 알고, 주님을 나의 하나님, 나의 구원자로 고백하며 주님과 동행하는 삶을 살길 원합니다. 복음이 땅끝까지 전파되어 하나님 나라가 이 땅에 속히 임하게 하소서. 예수님의 이름으로 기도합니다. 아멘.

복음 플러스

믿음의 눈으로 읽어야 할 말씀

　신학을 공부한 이들은 성경비평학 혹은 역사비평이라는 말을 들어 보았을 것이다. 이 분야의 대표적인 인물로 불트만이라는 사람이 있는데, 그는 '성경의 비신화화'라는 말로 성경에서 인간이 이해할 수 없는 부분은 다 빼 버리고 이해할 수 있는 부분만 받아들이려고 시도했다. 성경비평학은 인간의 이성을 판단의 근거로 하여 무신론적 관점에서 성경을 보고, 학문적인 연구 방법을 가지고 자신이 이해할 수 있는 범위 내에서 성경을 연구하는 방법이다. 이런 학문적인 태도는 한때 지성인들에게 성경을 올바르게 보는 방법으로 여겨지기도 했으나, 유럽 기독교의 몰락에 원인을 제공하기도 했다.

　그런데 성경비평학계에 사도 바울과 같은 사람이 나타나서 이것이 잘못되었다는 것을 명확하게 밝혀냈다. 바로 린네만이라는 사람이다. 그는 사실 불트만의 제자로 성경비평학계의 거장으로 불린 사람이었다.

사도 바울은 율법에 정통한 바리새인이며 율법학자 가말리엘의 제자였다. 그는 예수님의 제자가 되기 전에는 율법을 신봉하고 율법을 지키기 위해 그리스도인들을 핍박하는 일에 앞장선 사람이었다. 그러나 다메섹에서 예수 그리스도를 만난 이후에는 복음을 전하는 사도로 변화하게 되었고, 율법의 잘못을 지적하며 복음으로 바로잡는 사역에 일평생을 바쳤다.

린네만에게도 이러한 일이 일어났다. 성경비평학의 대가인 그가 왜 성경비평학을 반대하게 되었는지 사람들이 물으면, 그는 그때마다 이렇게 답했다. "내가 성경비평학을 반대하는 이유는 나의 주님 그리고 나의 구세주이신 예수 그리스도와 그분이 골고다에서 나를 위해 이루신 아름다운 구원 사역을 영접했기 때문입니다." 예수님을 인격적으로 영접하면서 세상을 보는 관점이 완전히 달라진 것이다.

성경비평학의 가장 큰 문제는 그 출발이 무신론에서 시작한다는 것이다. 하나님이 계시지 않고 하나님이 살아 계시지 않다는 전제에서 시작하여, 인간의 이성으로 알 수 있는 것만 받아들이겠다는 태도가 성경에 도입되어 성경비평학이 생겨난 것이다.

린네만의 스승 불트만은 성경의 비신화화라는 주제 아래 인간의 이성으로 이해할 수 있는 것만 성경으로 받아들이고 그것을 강조하는 일을 계속해 왔다. 린네만도 예수님을 만나기 전까지는 그렇게 살아왔다. 그러나 하나님의 은혜로 예수님은 모든 이름 위에 군림하시는 분임을 깨닫게 되었

다. 예수님에 관해 비평가들이 인정하지 않는 호칭, 곧 예수님이 하나님의 아들이시며, 동정녀로부터 탄생하셨고, 메시아와 인자가 되셨다는 말씀이 사람의 생각에서 나온 것이 아니라 하나님의 계시로 이루어진 일임을 깨닫게 된 것이다. 결국 그는 이제까지 자신이 이루었던 연구 업적을 배설물처럼 여기게 되었고, 모든 연구 자료를 쓰레기통에 버리기에 이르렀다.

성경비평학이 잘못되었다는 것을 알려면 그 기초가 무신론을 배경으로 하고 있다는 사실을 먼저 알아야 한다. 그리고 연구의 기초를 인간의 이성에 근거한다면, 타락한 이성이 하나님을 알아 가는 데 큰 방해가 되며 타락한 이성으로는 하나님을 알 수 없다는 사실을 알아야 한다. 즉, 인격적으로 예수님을 만나고 영접한 거듭난 이성으로 성경을 보아야 하는 것이다. 타락한 이성으로 분석하고 논쟁하기 이전에 하나님은 이미 자신을 계시해 주셨다. 타락한 이성으로 하나님이 주신 계시를 부정하는 것은 학문 연구가 아니다.

지금 유럽의 교회들은 몰락의 길을 가고 있다. 하나님을 만나지 못한 사람들이 하나님을 제외한 채 성경을 연구하고 전하는 일이 그 배경이 되고 있다. 신학은 일반적인 학문이 되어서는 안 된다. 믿음이 없는 사람들이

신학을 해서는 안 된다. 믿음의 눈으로 말씀을 볼 수 없는 사람들이 신학을 하고 성경비평을 하면 사람들이 말씀 속에 살아 있는 하나님의 능력을 경험하지 못하게 된다. 하나님과 인간 사이를 가로막아 믿음을 갖지 못하게 하는 것이다.

  신학의 목적은 하나님이 그리스도의 피로 값 주고 사신 교회를 지키고 교회를 살리는 데 있어야 한다. 신학을 통해서 반드시 교회를 살려야 한다. 그러려면 하나님을 깊이 만나 믿음의 눈으로 성경을 봐야 하고, 하나님 중심으로 세상을 연구할 수 있는 안목을 가져야 한다. 오직 거듭난 영혼이 거듭난 이성으로 하나님이 먼저 보여 주신 계시를 믿음으로 받아들여야 한다.

사명선언문

너희가 흠이 없고 순전하여……세상에서 그들 가운데 빛들로
나타내며 생명의 말씀을 밝혀 _ 빌 2:15-16

1. 생명을 담겠습니다
만드는 책에 주님 주신 생명을 담겠습니다.
그 책으로 복음을 선포하겠습니다.

2. 말씀을 밝히겠습니다
생명의 근본은 말씀입니다.
말씀을 밝혀 성도와 교회의 성장을 돕겠습니다.

3. 빛이 되겠습니다
시대와 영혼의 어두움을 밝혀 주님 앞으로 이끄는
빛이 되는 책을 만들겠습니다.

4. 순전히 행하겠습니다
책을 만들고 전하는 일과 경영하는 일에 부끄러움이 없는
정직함으로 행하겠습니다.

5. 끝까지 전파하겠습니다
모든 사람에게, 땅 끝까지, 주님 오시는 그날까지
복음을 전하는 사명을 다하겠습니다.

서점 안내

광화문점	서울시 종로구 새문안로 69 구세군회관 1층 02)737-2288 / 02)737-4623(F)
강남점	서울시 서초구 신반포로 177 반포쇼핑타운 3동 2층 02)595-1211 / 02)595-3549(F)
구로점	서울시 동작구 시흥대로 602, 3층 302호 02)858-8744 / 02)838-0653(F)
노원점	서울시 노원구 동일로 1366 삼봉빌딩 지하 1층 02)938-7979 / 02)3391-6169(F)
일산점	경기도 고양시 일산서구 중앙로 1391 레이크타운 지하 1층 031)916-8787 / 031)916-8788(F)
의정부점	경기도 의정부시 청사로47번길 12 성산타워 3층 031)845-0600 / 031)852-6930(F)
인터넷서점	www.lifebook.co.kr